OW BRICK RO
EHJ

ELTON JOHN

L'HISTOIRE ILLUSTRÉE DE ROCKET MAN

ELTON JOHN

L'HISTOIRE ILLUSTRÉE DE ROCKET MAN

CHRIS ROBERTS

ÉDITIONS PLACE DES VICTOIRES

Titre original : *Elton John. Rocket Man*
Palazzo Editions Ltd
15 Church Road London, SW13 9HE
www.palazzoeditions.com

Graphisme et maquette : Becky Clarke

Pour la présente édition :
Collection « Pop & Rock »,
dirigée par Yohann Thibaudault
Traduction de l'anglais (Royaume-Uni) :
Louise Courtin
Mise en pages intérieure et couverture :
Mathilde Decorbez
Coordination éditoriale : Yohann Thibaudault

6, rue du Mail – 75002 Paris
www.victoires.com

ISBN : 978-2-8099-1685-0
Dépôt légal : 4e trimestre 2019
Imprimé et relié en Chine

PAGE 1 : Elton John, mars 1980.

CI-CONTRE : Elton pendant une séance de pose, Londres, 1970.

PAGES 2-3 : Elton John debout sur son tabouret de piano pendant un concert, Londres, 1971.

SOMMAIRE

INTRODUCTION
LE WINNER DE PINNER

Tandis que le marathon *Farewell Yellow Brick Road Tour* de sir Elton John fascinait l'Amérique fin 2018, il s'excusa sur scène d'être incapable de jouer les chansons préférées de tout le monde en une seule soirée. Lors de la plupart des concerts de cette tournée prévue pour durer plusieurs années, il enchaînait plus de deux douzaines de ses chansons les plus fameuses, c'était donc un signe d'humilité de la part d'une star qui, en cinquante ans de carrière, est passé d'artiste en herbe à icône glam-pop, de diva renommée à philanthrope menant une vie saine et, enfin, à légende de la pop universellement admirée.

Le chant du cygne de John démarre avec beaucoup d'assurance, les caméras faisant un gros plan sur ses doigts au piano tandis que commence « Bennie and the Jets ». Le groupe, qui compte des musiciens de longue date, comme Davey Johnstone, Ray Cooper et Nigel Olsson, n'a pas peur de se démener, comme des rockers plus jeunes, sur des chansons emblématiques d'Elton telles que « Crocodile Rock », « All the Girls Love Alice », « The Bitch Is Back » et « Saturday Night's Alright for Fighting ». Le chevalier septuagénaire, autrefois connu sous le surnom de Captain Fantastic rend hommage à la regrettée Aretha Franklin, rappelant à quel point Bernie Taupin et lui furent heureux quand elle enregistra leur « Border Song » et combien il était fier d'être l'un des premiers artistes blancs à se produire dans *Soul Train*[1] en 1975. Sur l'immense écran derrière lui, des films accompagnent les chansons, une imagerie apparemment aléatoire du cycle de la vie faisant place à des danseurs pleins de vie et de jeunesse.

Les neuf dixièmes du set sont tirés de la production prolifique de John dans les années 1970 et c'est une sage décision. Peu remettraient en question le fait que cette décennie fut son âge d'or créatif (et celui de Taupin). De « Rocket Man » à « Tiny Dancer », « Philadelphia Freedom » ou « Don't Let the Sun Go Down on Me », les deux

À GAUCHE : Elton John sur scène pendant le *Farewell Yellow Brick Road Tour* au United Center, Chicago, le 26 octobre 2018.

CI-CONTRE : Sir Elton John sur scène pendant sa tournée *Farewell Yellow Brick Road* au BB&T Center, Sunrise, Floride, le 23 novembre 2018.

CI-DESSUS : Elton John en concert au Omni Coliseum, Atlanta, Géorgie, États-Unis, le 16 juillet 1976.

À DROITE : Sur scène à l'Hammersmith Odeon, Londres, décembre 1973.

auteurs – soumis à la pression intense d'écrire pour un large public – étaient dans une sorte d'état second, comme habités par une flamme. Même les chansons (relativement) moins connues de cette époque, telles « Indian Sunset », « Levon » et « Take Me to the Pilot », trouvent leur place, comme par une reconnaissance tacite qu'elles sont plus appréciées que d'autres, plus récentes. « Someone Saved My Life Tonight », accompagnée ici par une animation mettant en scène la star sous les traits de son extravagant personnage de Captain Fantastic, fut sans doute leur plus belle ballade, même si « Candle in the Wind », post-Diana, pourrait prétendre à ce titre, tout comme celle par laquelle tout débuta, « Your Song ».

De nos jours, Elton ne se prête qu'à un seul changement de costume entre les deux sets, bien loin du tourbillon de garde-robe de sa jeunesse. Le deuxième set se range lui aussi à l'avis du grand public sur le fait que le début des années 1970 fût son apogée, en présentant « Funeral for a Friend/Love Lies Bleeding », « Burn Down the Mission » et « Daniel ». Tout en permettant aux années 1990 de faire leur entrée, sous la forme de « Believe », il prend parfois un moment sur scène pour parler de sa vie et de sa carrière, abordant ouvertement ses batailles avec la toxicomanie et évoquant comment trente ans plus tôt à Chicago, il prit la décision cruciale d'entrer en cure de désintoxication. Une fois clean, avec reconnaissance, il fonda la Elton John AIDS Foundation, qui a récolté des millions de dollars pour la recherche sur le sida. Le concert atteint son apogée avec, évidemment, « I'm Still Standing », pendant laquelle les écrans diffusent des images de toutes les étapes de sa carrière. Mettant l'accent sur le chemin parcouru et montrant à quel point il fait aujourd'hui partie de la culture populaire, aussi bien comme personnalité très en vue que comme star de la musique, c'est comme une fenêtre ouverte sur tous les types de célébrité. On y voit Elton avec la reine, Elton avec les Muppets, avec les Simpson, avec Cher, avec Eminem, avec l'équipe du *Roi lion* aux Oscars, avec son mari David Furnish et leurs deux enfants. C'est un adieu haut en couleur, mais le public souhaiterait que la route de briques jaunes[2] se poursuive éternellement. Et, avec la sortie de *Rocketman,* un biopic de la star, sur les écrans de cinéma du monde au printemps 2019, il semble que c'est également le vœu d'Elton.

Cette histoire de vie si illustre commença très, très loin du glamour, des paillettes et de la mise en scène de ce tour d'honneur mondial (presque) sans fin. Elle commença, comme bien peu de choses, dans la ville de Pinner. Comme on le voit dans une publicité de Noël 2018 pour les grands magasins britanniques John Lewis, c'est là qu'Elton John joua du piano pour la première fois.

★ ★ ★

Le truc, avec Pinner, c'est que c'est vraiment assez joli. Cela aurait sans doute fait un meilleur récit de suggérer que sir Elton John CBE[3] s'est hissé à la force du poignet de la misère à la fortune, d'un environnement difficile, brutal et défavorisé au sommet du monde étincelant du show-business, telle une Cendrillon moderne. Et il est vrai que ce n'était pas un enfant surprivilégié et qu'il a principalement été élevé par ses grands-parents maternels.

Aux Pays-Bas pendant la tournée *Captain Fantastic* en 1975.

Cependant, en rajouter en faisant de la pittoresque Pinner une ville ouvrière malfamée serait, de toute évidence, erroné.

Certes, elle n'était pas exactement prospère dans les années 1950 et au début des années 1960, alors qu'Elton, alias Reg, traversait l'enfance et l'adolescence ; sa position géographique, au milieu de la banlieue nord-ouest de Londres, ne lui permit jamais de concurrencer Kensington ou Hampstead sur les prix de l'immobilier. Elle ne connaît pas vraiment une activité culturelle débordante. Toutefois, en marchant depuis sa petite gare proprette pour explorer sa rue principale figée dans le temps, ses larges avenues résidentielles et en respirant l'air frais de son grand parc (qui comprend même une mare aux canards sculptée), vous vous direz peut-être que Pinner doit être un endroit agréable où grandir.

Reg grandit dans le quartier de Northwood Hills. Partie aisée de la commune londonienne de Harrow, Pinner est mentionnée pour la première fois en 1231 comme un hameau du nom de « Pinnora ». Le charme désuet de l'église St. John the Baptist (consacrée en 1321) vient couronner sa rue principale, qui compte un pub de style Tudor (The Queen's Head) et un grand nombre d'immeubles édouardiens. On y a tourné des scènes de *Une merveilleuse histoire du temps*[4]. Et ce film n'est pas réputé pour sa description sans concession de la réalité urbaine.

Oui, c'est « kitsch ». On peut comprendre comment un jeune homme peut y avoir la bougeotte. La fête foraine annuelle, les bals folkloriques. Il y plane peut-être encore une image de gueule de bois du film de John Betjeman *Metro-Land* (1973), dans lequel elle tenait un rôle central. On y trouve de nombreuses maisons Art déco des années 1930, quand on s'éloigne suffisamment des magasins plus communs, et c'est encore plus vrai dans le vieux quartier d'Elton. La population y est majoritairement blanche, mais ce chiffre baisse avec constance depuis l'époque d'Elton et la diversité augmente. Elle présente l'un des taux de criminalité les plus bas de tout Londres. Elle sent le prestige. Dans le Pinner Memorial Park a ouvert, en 2016, le Heath Robinson Museum, premier musée au monde dédié à cet excentrique visionnaire, peintre, illustrateur, satiriste et inventeur d'engins futuristes, « le roi du gadget », qui vécut là, sur Moss Lane de 1908 à 1918.

Il n'y a toutefois pas encore d'Elton John Museum. Pas de parc d'attractions Yellow Brick Road orné de minuscules danseurs et de chats blancs où l'on pourrait allumer sa propre bougie dans le vent[5]. On pourrait se demander si Pinner ne passe pas à côté de quelque chose, mais il est plus probable qu'Elton ait ses propres idées, contrôle et droits sur où, comment et quand ce genre de vanités commerciales peut exister. Ou encore, Pinner est peut-être bien trop cool pour s'en préoccuper, étant donné que parmi ses anciens résidents, on compte également la romancière Ivy Compton-Burnett, Isabella Beeton – celle du légendaire *Mrs. Beeton's Book of Household Management* (1861) –, la fille illégitime de Horatio Nelson et Emma Hamilton, Horatia et Screaming Lord Sutch (pas en même temps), Michael Rosen qui reçut le Children's Laureate[6], Ronnie Barker et David Suchet (ces deux derniers dans la même maison, bien que, de nouveau, pas au même moment). De Bob Holness à Fearne Cotton, Pinner a été la demeure de géants de la scène culturelle britannique.

FACE AUX STATISTIQUES D'ELTON, ON NE PEUT RIEN DIRE : IL A VENDU PLUS DE 300 MILLIONS DE DISQUES. AU MOINS UNE DE SES CHANSONS FIGURA TOUS LES ANS DANS LE *BILLBOARD* HOT 100 DE 1970 À 2001.

Et dans la musique ? Pinner, pour autant qu'Elton puisse souligner sa singularité, en a donné plus que son lot : Gordon, du célèbre groupe des années 1960 Peter & Gordon, et Leslie Bricusse – connu pour sa longue collaboration à l'écriture de comédies musicales avec Anthony Newley et qui composa des tubes indémodables tels que « Goldfinger » pour Shirley Bassey, « What Kind of Fool Am I? » et « The Candy Man » pour Sammy Davis Jr., « You Only Live Twice » pour Nancy Sinatra et « Feeling Good » pour Nina Simone. Aussi impressionnant que cela puisse sembler, Pinner nous a aussi donné Tony Hatch – qui a écrit « Downtown » de Petula Clark et, avec sa femme Jackie Trent, « Joanna » de Scott Walker et le générique du soap australien *Les Voisins*[7]. Bruce Welch de The Shadows vivait à Pinner quand il courtisait Olivia Newton-John et Charlie Dore – qui rencontra le succès aux États-Unis en 1979 avec « Pilot of the Airwaves » – y est né et y a grandi. C'est tout un catalogue de l'histoire de la pop. Y a-t-il quelque chose (d'autre) à ajouter ? Eh bien, oui : Simon Le Bon de Duran Duran n'est pas du tout, comme on le croit souvent à tort, de Birmingham. Né près de Pinner, à Bushey, il fréquenta la Pinner County Grammar School quelques années après Elton. Cette ville, petite mais harmonieuse, à 20 kilomètres au nord-ouest de Charing Cross, a apporté une foule de talents créatifs à la Grande-Bretagne et bien au-delà, se surpassant en toute discrétion.

Pourtant, on ne peut mettre en doute quel est, de ces produits de Pinner, le plus célèbre, original et reconnu internationalement de tous les temps. Il faut être juste, Agnes Marshall, qui mourut à Pinner en 1905 des suites d'une chute de cheval, inventa tout de même le cornet de glace. Mais même Agnes le reconnaîtrait : Pinner nous a donné Elton John, le Rocket Man lui-même et il est encore debout. Ceci est sa chanson.

Son histoire est, bien entendu, une longue et illustre succession de hauts, de bas, puis de hauts de nouveau. Sa première collaboration avec le parolier Bernie Taupin remonte à un demi-siècle et depuis, le duo a fait équipe sur plus de 30 albums, dont 7 ont atteint la tête des classements aux États-Unis. Face aux statistiques d'Elton, on ne peut rien dire : il a vendu plus de 300 millions de disques. Au moins

CI-DESSUS : George Michael et Elton John quittent l'abbaye de Westminster après le service funéraire de Diana, princesse de Galles, Londres, le 6 septembre 1997.

À DROITE : Elton, le winner de Pinner, se détend en écoutant de la musique, 1974.

une de ses chansons figura tous les ans dans le *Billboard* Hot 100 de 1970 à 2001. Le remake de « Candle in the Wind » en 1997 en hommage à la mort de la princesse Diana est – cela reste discutable, étant donné le manque de chiffres officiels pour « White Christmas » de Bing Crosby – le single le plus vendu de tous les temps, à la fois au Royaume-Uni et aux États-Unis. Son interprétation lors de l'enterrement à l'abbaye de Westminster est inoubliable.

Cette performance est sans doute ce qui lui permit de gagner son statut de trésor national après une période pendant laquelle sa célébrité sembla, au mieux, plafonner. Son ascension dans les années 1970 fut loin de se faire « du jour au lendemain » ; très vite, il fabriqua des albums à toute allure, comme de peur qu'ils ne se démodent, à une époque où ce n'était pas le cas. « Your Song » lui permit d'accéder à la célébrité ; des albums comme *Honky Château* et *Goodbye Yellow Brick Road* prirent de l'ampleur à des moments différents des deux côtés de l'Atlantique, mais cela finit par arriver. Il monta à bord du train du glam rock, vêtu avec autant d'extravagance que ses pairs scintillants, tourna comme un forcené et prit le surnom « The Captain », avant d'être stoppé dans sa course par l'épuisement et une overdose de cocaïne. Pas aussi cérébral que Bowie, artistique que Roxy, ni aussi viscéral et sexy que T. Rex, il obtint néanmoins un succès américain colossal et une renommée écrasante – qui faillit l'écraser –, puis une seconde vie, quand l'inspiration s'essouffla, en tant que célébrité avec laquelle les autres célébrités veulent être prises en photo.

Se réinventant président du Watford Football Club – Watford n'est pas très loin de Pinner, où Reg passa de nombreuses heures à bercer l'improbable rêve de devenir footballeur – et invité de *Morecambe and Wise*[8], il devint bientôt une figure rassurante des années 1970. Les années 1980 tentèrent de s'en débarrasser et on lui enleva sa couronne pour un temps, mais il s'accrocha et rebondit à l'époque de George Michael avec son passage au Live Aid, un célèbre procès en diffamation gagné contre *The Sun* et cinq soirs au Madison Square Garden. Oh, et il se maria. Avec une femme, Renate Blauel. Ils divorcèrent trois ans plus tard. Étrangement, parmi toutes ses chansons connues de tous, aucune ne se classa n° 1 au Royaume-Uni avant que les années 1990 ne s'entichent de « Sacrifice ». Le classement au hit-parade perdit toute son importance lorsqu'il se retira de la scène pop pour jouir de succès familiaux sur scène et à l'écran avec *Le Roi lion* et *Billy Elliot*. Se sortant d'une dépression – au cours de laquelle il se noya dans l'alcool et les drogues – grâce à une cure de désintoxication, il remporta 5 Grammy, 5 Brit Awards, un Oscar, un Golden Globe et même un Tony Award. Il fut nommé commandeur de l'ordre de l'Empire britannique en 1995 et fut sacré chevalier, deux ans plus tard, pour *« services rendus à la musique et à des œuvres de bienfaisance »*.

Parmi ces œuvres de bienfaisance, il y avait le grand rôle qu'il joua dans la lutte contre le sida à partir de la fin des années 1980 ; en 1992, il fonda la Elton John AIDS Foundation et sa fête annuelle pour les Oscars a permis de récolter plus de 200 millions de dollars pour cette cause. Après avoir déclaré être bisexuel en 1976, puis assumé publiquement son homosexualité en 1988, il est aujourd'hui marié à David Furnish depuis 2014 (ils avaient contracté une union civile neuf ans plus tôt). Il a dépensé encore plus dans son impressionnante collection d'œuvres d'art qu'en fleurs. (En 2000, il déclara à la Cour suprême, à propos d'une facture de fleuriste de 293 000 £ : *« Je suis un célibataire. J'aime dépenser de l'argent. C'est mon argent et je le dépense comme je veux. »*).

Dans ce monde étrange des célébrités les plus en vue, il est devenu l'un des plus influents ; recevant un jour un appel du président russe Vladimir Poutine, traînant le lendemain avec ses meilleurs amis, les Beckham. Il continue de nous surprendre, que ce soit en confirmant la sortie prochaine du film biographique – *Rocketman* – (avec son soutien sans réserve) ou en apparaissant, jouant un rôle auto parodique, dans une publicité pour Snickers. En janvier 2018, il annonça sa tournée d'adieux, qui commença en septembre suivant – et qui devrait durer trois ans, plus longtemps que bien des carrières dans la pop.

Épatant toujours la galerie, plus que jamais, toujours en vie, bien sûr, Elton est, à force de perspicacité, de dur labeur et de chance, parvenu à obtenir un statut enviable et une vie fabuleuse. Peu de stars peuvent affirmer avoir travaillé avec John Lennon et Tupac, Little Richard et Leon Russell, Kate Bush et Queens of the Stone Age, Leonard Cohen et… euh, Blue. Il a été en résidence à Las Vegas et en concert à Buckingham Palace pour le Jubilé de diamant. Contrastant avec ses nombreux triomphes comme *Le Roi lion* et *Billy Elliot,* il a écrit une comédie musicale sur un vampire qui a fait un flop à Broadway et fut intronisé au Rock & Roll Hall of Fame par Axl Rose. Soixante-dix ans après avoir vu le jour à Pinner, sir Elton doit être content de ne pas, pour paraphraser Bernie, être resté à la ferme ou avoir écouté son père. Alors, plongeons-nous dans l'histoire de cet homme né sous le nom de Reginald Kenneth Dwight, devenu légalement Elton Hercules John, l'improbable dieu du show-biz qui conquit le monde, le winner de Pinner.

1. Émission télévisée américaine de variétés très populaire et diffusée au niveau national à partir de 1970, dont les invités étaient principalement des artistes afro-américains de soul et de R&B.
2. Référence au roman de Lyman Frank Baum, *Le Magicien d'Oz,* publié aux États-Unis en 1900, et à sa célèbre adaptation cinématographique par Victor Fleming en 1939. Elle est reprise dans les titres de l'un de ses tubes les plus connus, du double album dont il est extrait et, bien sûr, de la tournée d'adieux.
3. Commandeur de l'ordre de l'Empire britannique.
4. *The Theory of Everything,* réalisé par James Marsh et sorti en 2014, est un biopic du physicien et cosmologiste britannique Stephen Hawking.
5. L'un des nombreux clins d'œil de l'auteur aux chansons d'Elton, mais le seul que nous signalerons, car trop nombreux !
6. Prix de littérature jeunesse décerné au Royaume-Uni.
7. Diffusé depuis 1985 et toujours en production, le feuilleton *Neighbours* est une institution comptant à ce jour plus de 8 000 épisodes.
8. Duo comique anglais composé d'Eric Morecambe et Ernie Wise ayant sévi entre 1941 et 1984, notamment en radio et à la télévision., et figurant parmi les personnalités les plus illustres et aimées de la culture populaire britannique.

1

DU CÔTÉ DE CHEZ DWIGHT

Je crois que le seul regret que j'ai dans ma vie, c'est d'avoir eu une mauvaise enfance. Je veux dire : on ne m'a pas tapé sur la tête toutes les trois minutes avec une casserole, mais mon père et ma mère ne s'entendaient pas très bien ; donc, je n'avais pas beaucoup d'amis, des trucs comme ça. J'étais fermé comme une huître. Je suppose que je me rebelle contre ça, maintenant. C'est pour ça que je fais toutes ces choses, parce que je n'avais jamais le droit de sortir ou quoi que ce soit.

ELTON JOHN

Au commencement, il y eut Pinner. Reginald Kenneth Dwight y vit le jour le 25 mars 1947, deux ans après le mariage, très jeunes, de ses parents, Stanley Dwight et Sheila Eileen (née Harris). Pinner Hill Road, le lieu de sa naissance, est en haut d'une côte, au-delà d'un beffroi, après des jolis jardins propres : ça respire, tout en douceur.

William Dwight, son arrière-grand-père, était cordonnier. Edwin, son grand-père, était ouvrier dans une usine de câbles basée à Belvedere, dans le Kent. Edwin et sa femme, Ellen, eurent cinq fils et une fille. Stanley était le benjamin des garçons. L'un de ses frères, Ted, mourut de la tuberculose à l'âge de 34 ans. Encouragé par un ami qui avait monté un groupe de swing local, Stanley – que l'on appelait Stan – se mit à la trompette. Pendant ce temps, son neveu, Roy Dwight, le fils de Ted, montrait un talent prometteur sur les terrains de football, même si la famille n'avait pas les moyens de lui acheter des protège-tibias et lui donnait des livres à fourrer dans ses chaussettes à la place.

Stan devint laitier, avec une charrette tirée par un cheval. Il devint assez compétent musicalement pour entrer dans un groupe de swing, The Millermen, qui jouait des airs populaires tels que « Me and My Shadow ». Ils se produisaient parfois dans des grandes salles comme le Lyceum Ballroom près de Covent Garden.

Puis la Seconde Guerre mondiale arriva. Quand Stan eut atteint l'âge du service militaire, il entra dans la Royal Air Force et fut aussi stupéfait que sa famille quand il apprit qu'il était désormais officier. C'était une ascension sociale qu'il n'avait pas anticipée et qu'il ne parvenait pas à comprendre complètement. Les officiers, c'était la haute. C'était pour la crème de la société britannique, pas pour les laitiers. Naturellement, Stan changea. Il prit l'habitude de l'ordre, de la structure, de l'efficacité, du contrôle ; celle d'être obéi. *« D'une certaine manière, à partir de là, il a toujours eu l'air de parler un peu plus fort que nécessaire »,* a raconté son neveu, Roy. Cela allait par la suite, inévitablement, avoir un impact sur ses relations avec son fils aîné.

Alors que la guerre touchait à sa fin, il rencontra Sheila, une petite brunette qui travaillait comme réceptionniste au Coastal Command de la RAF, à Northwood, Middlesex. Son père, Fred Harris, avait servi avec les gardes gallois (Welsh Guards) pendant la Première Guerre mondiale. Il était ensuite devenu gardien au Hatch End Tennis Club, un emploi pour lequel il était prêt à faire 45 kilomètres à vélo tous les jours depuis sa maison de Peckham jusqu'à Hatch End et retour. Finalement, Fred fit un compromis et emménagea, avec sa femme Ivy et leurs trois enfants, plus près de son travail. Après des séjours dans la ville voisine de Kenton et à Hatch End, ils s'installèrent à Pinner Green. Le numéro 55 de Pinner Hill Road était un logement social, une maison mitoyenne juste au sud du beffroi. Ils étaient ceux qui vivaient sur la colline, surplombant Metroland en vaquant à leurs tâches quotidiennes. C'était une maison solide de la fin des années 1930 ; Fred s'occupait avec soin des deux jardins ouvriers situés à l'arrière. Le Pinner Cricket Club se trouvait de l'autre côté de la haie.

Stan et Sheila se marièrent à l'église paroissiale de Pinner en janvier 1945, et vécurent là avec Fred et Ivy pendant les premières années de leur bonheur conjugal… enfin, bonheur, pas tout à fait. Trouver un endroit à soi était difficile pour un jeune couple après la guerre. Stan était resté dans la Réserve volontaire et voyageait beaucoup pour le travail ; aussi, la compagnie de ses parents, de sa sœur Win et de son frère – un autre Reg – ne dérangeait pas Sheila. Au moment de la naissance de leur fils (notre Reg, c'est-à-dire Elton) en 1947, Stan, qui avait été promu plusieurs fois, était capitaine d'aviation. Il appartenait donc à une autre classe sociale que sa propre famille. On lui donnait des affectations dans d'autres pays,

DOUBLE PAGE PRÉCÉDENTE : L'une des premières photos promotionnelles d'Elton, Hampstead, Londres, janvier 1968.

CI-CONTRE : Le père de Reg, Stanley Dwight, avec sa deuxième femme, Edna, 1976.

où Sheila le laissait partir seul. Elton naquit dans la maison de ses grands-parents et a raconté qu'il avait ressenti de l'amertume envers son père dès son plus jeune âge. Stan était à l'étranger quand Sheila accoucha. Elton se rappelle que son père ne vint jamais le voir avant ses 2 ans. *« J'avais 2 ans quand il est rentré à la maison. Ma mère a demandé s'il voulait me voir. Il a dit: "Non, j'attendrai demain matin." Il revenait d'Aden ou quelque chose comme ça. »* Quand il y a des histoires et des avis contradictoires sur le moment et la nature d'une toute première rencontre, il y a forcément de l'orage dans l'air. Les photographies du petit Reggie montrent des boucles blondes un peu dans le style de Shirley Temple et, déjà, toute une panoplie de costumes.

Mais la Grande-Bretagne qui entourait Reg était loin d'être haute en couleur. La pénurie de nourriture et le rationnement persistaient; l'austérité tenait le pays dans sa poigne grise et démoralisante. Pour Reg, comme pour tant d'autres, la musique devint une échappatoire, un cadeau, du rêve. Stan et Sheila partageaient fondamentalement cet enthousiasme. De son expérience de trompettiste, Stan conservait un penchant pour les 78 tours d'avant la pop de stars américaines telles que Guy Mitchell, Kay Starr ou Les Paul et Mary Ford. Le jeune Reg étudiait les macarons, trouvant ces objets fascinants. Il y avait un piano dans la maison, comme dans beaucoup de foyers « ordinaires » avant que la télévision ne prenne le relais et Sheila poussait Reg à taper dessus pour lui donner quelque chose à faire pendant qu'elle s'occupait des tâches ménagères. La légende veut qu'un jour, elle se retournât, surprise, en entendant le petit garçon, âgé de 4 ans, reproduire d'oreille la mélodie de « La Valse des patineurs[1] ». Ce n'était pas un coup de chance: il montra bientôt de grandes aptitudes. Pourtant, Stan tentait de le décourager. *« Il ne voulait pas que je fasse de la musique et c'est quelque chose que je n'ai jamais pu comprendre, parce qu'il était trompettiste dans un groupe »*, dit Elton dans les années 1970.

Son père était souvent absent et il perdit une autre influence paternelle potentielle quand son grand-père, Fred, mourut alors que Reg avait 5 ans. La veuve de Fred, Ivy, se remaria avec un homme du nom d'Horace, qui avait perdu une jambe à la guerre et marchait grâce à un membre artificiel. C'étaient désormais sa mère et sa grand-mère qui élevaient le garçon. Un voisin a décrit l'enfant comme étant *« surprotégé »* et rarement autorisé à jouer avec les autres. À 4 ans, il entra à la Pinner Wood Junior, la primaire publique du coin, mais un an plus tard, il la quitta et fut envoyé à la Reddiford School, une petite école privée d'une centaine d'élèves. À 6 ans, il recevait des leçons de piano privées d'une certaine Mrs. Jones. Un ancien camarade d'école se rappelle lui avoir demandé ce qu'il voulait faire quand il serait grand et avoir reçu pour réponse: *« Pianiste de concert. »* Il s'était trouvé un genre de rôle: on l'appelait pour jouer du piano aux fêtes de l'école et aux réunions familiales. Quand son cousin aîné, Roy, le footballeur, se maria, avec Stan pour témoin, Reg, garçon d'honneur, connut une heure de gloire musicale. Le groupe qui avait été engagé était en retard aussi, raconta Roy, *« On a mis Reggie au piano, dans son petit costume blanc avec son nœud papillon. Il a joué jusqu'à ce que le vrai groupe arrive »*. Il ne fallut pas longtemps avant que les témoins ne plaisantent en le qualifiant de Jerry Lee Lewis local. La première décharge de rock'n'roll s'abattit sur Reg quand sa mère rapporta à la maison les disques révolutionnaires de rockers américains comme Elvis Presley et Bill Haley.

Le pianiste prodige alla à la Pinner County Grammar School et, à l'âge de 11 ans, décrocha une bourse pour la Royal Academy of Music, impressionnant les professeurs avec une interprétation éblouissante d'un long morceau de Händel. À ce moment-là, cependant, le mariage de ses parents battait réellement de l'aile. Stan, qui avait la trentaine, était désormais commandant d'escadron et était devenu moins trompettiste de jazz et plus homme de la RAF strict et protocolaire. La famille Dwight avait emménagé dans sa propre maison, dans le quartier de Northwood Hills à Pinner, mais l'ambiance était tellement triste dans ce pavillon de banlieue individuel et bien agencé, apparemment agréable, qu'Elton a eu tendance à laisser de côté cette partie de sa vie quand plus tard, devenu une star, il commença à parler aux journalistes. Mais il finit par se confier et raconta tout.

C'était sa mère qu'il préférait, même s'ils se brouillèrent plus tard dans sa vie, et elle soutenait avec constance son penchant pour la musique. D'après Elton, dans la biographie de Philip Norman en 1992, quand Stan était là – ce qui n'arrivait pas trop souvent –, il y avait de la gêne et de la tension dans l'air. Le couple, désormais froid l'un envers l'autre, était de ceux qui restent ensemble « pour le bien des enfants ». Stan reprochait au garçon ses manières – ne pas se tenir droit, parler à tort et à travers. Il n'avait même pas le droit de jouer au ballon dans le jardin, de peur qu'il n'abîme les massifs de roses. Dans ces moments-là, Reggie se retirait derrière sa timidité et une politesse craintive. L'un des

J'étais l'un de ces enfants qui s'en sort sans répéter et passe quand même, réussit à avoir les notes suffisantes.

ELTON JOHN

À GAUCHE : On pouvait s'habiller comme Liberace… 1955.
CI-CONTRE : … ou gueuler comme Jerry Lee Lewis, 1958.

rares domaines dans lequel son père et lui se retrouvaient était leur passion pour le football. Ils allaient ensemble voir Watford jouer à Vicarage Road. L'histoire d'amour d'Elton qui s'ensuivit avec ce club est connue, mais il avait déjà un lien avec la célébrité associée au football. Roy Dwight avait accompli son potentiel de jeunesse, était devenu joueur professionnel et était l'avant-centre vedette de Fulham. Il avait marqué à chacun de ses huit premiers matchs et Reggie adorait qu'on l'emmène le voir impressionner le monde et devenir un héros à Craven Cottage. Plus d'une fois, Roy s'arrangea pour qu'Elton ait une place privilégiée sur la ligne de touche. Reggie, comme la plupart des jeunes garçons, voulait à tout prix reproduire le succès de Roy, mais à l'école, ses capacités n'étaient visiblement pas à la hauteur de son enthousiasme. Il n'était pas mauvais au tennis, mais son véritable talent se trouvait plutôt du côté de sa sacoche pleine de partitions de Chopin et de Brahms. Quand la télévision arriva, avec son image tremblotante et brillante, il réfléchit au fait que, s'il ne pouvait pas être une star du football, ce pouvait être amusant de devenir un artiste scintillant comme Liberace. Et la série de succès au piano de Winifred Atwell montrait, dans son esprit, que les pianistes n'étaient pas forcément tous austères, tournés vers le classique, les sourcils froncés.

Tandis que le rock'n'roll envahissait le monde occidental, le jeune Reg absorba, bien entendu, son énergie. Il fut déçu quand, au lieu de quelque chose qui relevait de ce tout nouveau son, son père lui offrit un album de jazz bien élevé de George Shearing. (Elton s'en plaignait encore des dizaines d'années plus tard.) Cependant, quand Papa n'était pas là, Sheila passait « Rock Around the Clock » et « Hound Dog ». Son fils écoutait avec émerveillement. Il commençait peut-être à se dire que jouer du piano – et se produire en public – pouvait être l'éclate. On pouvait s'habiller comme Liberace ? Gueuler comme Presley, Haley ou Jerry Lee Lewis ? Eh bien, ça pouvait être sympa. Des années plus tard, Bernie Taupin fit référence à cette révélation de jeunesse dans la chanson « Made in England ».

À la Pinner County Grammar School, les capacités et le talent musical d'Elton étaient déjà bien au-delà de ce à quoi les enseignants étaient habitués dans cette tranche d'âge. Et c'était une excellente école en termes d'équipement musical. Il y avait un Steinway à queue dans la salle de réunion tandis que le directeur et le professeur de musique étaient tous deux des pianistes classiques accomplis. Le professeur d'histoire était un mordu de blues. La bourse de Reggie à la Royal Academy of Music mettait tout le monde en valeur. Là-bas, il reçut des cours de Helen Piena le samedi matin pendant quatre ans. Les leçons avaient lieu dans le bâtiment de l'Academy, sur Marylebone Road. Piena a évoqué la combinaison gratifiante chez Elton de don et d'éthique de travail. *« Je l'appelais toujours par son prénom complet, Reginald. Mais il était très affectueux. Il m'envoyait des lettres avec des baisers à la fin. Une fois, il m'a envoyé une coiffe brodée de Suisse, où il était parti en vacances avec l'école. »* D'autres enseignants ont également rapporté que c'était un élève modèle.

Avec le recul, Elton s'est élevé contre cette image de modèle de vertu consciencieux. *« Je n'aimais pas tellement aller à l'Academy,* affirma-t-il, bien qu'il ait reconnu avoir apprécié de faire partie du chœur. *J'étais l'un de ces enfants qui s'en sort sans répéter et passe quand même, réussit à avoir les notes suffisantes. »*

Pendant ce temps, à l'école, on le trouvait beaucoup moins intéressant. Il ne se faisait pas remarquer et son travail scolaire était généralement jugé *« satisfaisant »* ou *« moyen »*. Ses coéquipiers

L'une des premières idoles de Reg, Little Richard, 1963.

Dusty Springfield, dont il était épris, 1964.

de rugby ont attesté qu'il *« en redemandait toujours plus »*. Pendant les concerts de l'école, il était heureux de se trouver au milieu des événements sans s'évertuer à attirer l'attention. (Un document atteste que R. Dwight joua les *Petites Litanies de Jésus* de Grovlez lors d'un concert.) Il existe une photo scolaire de lui à l'âge de 13 ans où, loin d'avoir adopté le look Teddy Boy[2] naissant – Papa n'aurait jamais toléré ça –, il ressemble aussi peu à une future figure de la pop qu'on peut l'imaginer. Avec ses lunettes, il espérait être le portrait de Buddy Holly. Si le rock'n'roll était entré dans son monde comme une tentation, c'était désormais une obsession silencieuse. Et grâce à la collection de disques de Sheila, il s'intéressait plus aux styles américains plus bruts qu'aux reprises métissées britanniques plus douces. Il se procura tous les disques de Little Richard et, pour l'un de ses premiers concerts, alla voir jouer sa nouvelle idole au cinéma Granada de Harrow. Comme en témoigne son style vocal, il adorait les accents américains. Cependant, Sheila ne le laissa pas aller voir Jerry Lee Lewis, dont la tournée britannique fut écourtée après les révélations concernant son mariage avec sa cousine de 13 ans. L'influence de Little Richard et de Lewis sur le personnage scénique qu'adopterait Elton par la suite est absolument flagrante.

Il n'était pas encore très sociable tandis que ses leçons et répétitions de musique le tenaient à la fois occupé et isolé. Dans sa chambre, quand il n'étudiait pas, il classait sa collection de disques en constante expansion. *« J'ai grandi avec des objets inanimés en guise d'amis »*, dit-il plus tard avec un air mélancolique. Bien sûr, il devint aussi un collectionneur, un conservateur. C'était, et ce serait toujours, un passionné – de musique, de football et, plus tard, de photo et d'art.

En 1962, Stan demanda le divorce. La relation que Sheila entretenait avec Fred Farebrother, un peintre et décorateur local, en fut l'une des raisons. Malgré son antipathie pour Stan, on pouvait comprendre que Reggie, qui avait alors 14 ans, en soit ébranlé. À la Royal Academy, il dit à Helen Piena qu'il allait peut-être devoir renoncer à sa bourse et qu'il ne pourrait pas avoir le nouveau piano dont il pensait avoir désespérément besoin. Toutefois, elle reçut un appel de Stan qui lui dit qu'il pourrait avoir son piano et poursuivre ses études. Quand Stan se remaria dix-huit mois plus tard et que sa nouvelle femme, Edna Clough, donna le jour à quatre garçons coup sur coup, l'amertume de Reggie augmenta. Il était blessé dans son orgueil. Le penchant soudain de son père pour les enfants le perturbait. Il était bien plus heureux quand Sheila passait du temps avec Fred, un « beau-père » qu'il appréciait. Il le surnomma « Derf » (Fred à l'envers). Ils s'entendaient bien. Il l'appelait *« mon père »*. Bien que Sheila et Fred ne se soient mariés que dix ans plus tard, la nouvelle « cellule familiale » s'installa pourtant dans un appartement en rez-de-chaussée pas loin, à Frome Court. C'est là que Reg Dwight allait écrire les chansons qui le rendraient célèbre.

Fred Farebrother se mit en quatre pour aider et encourager son beau-fils encore non officiel. Ils parlaient facilement de musique ensemble et Fred était généreux avec l'argent de poche, les trajets en voiture et le soutien moral. Frome Court était un immeuble très respectable. C'est là que Reg s'enticha des Beatles et son cousin Paul Robinson se souvient de la future star l'invitant à un concert de Noël des Beatles à l'Hammersmith Odeon. Reg adorait le fait que ce groupe connaisse les sons pop et blues américains, mais écrive aussi ses propres morceaux. Il était également épris de Dusty Springfield, dont la photo ornait le mur de sa chambre. Il assistait alors régulièrement à des concerts (et à des matchs de football). Il aimait l'humour du *Goon Show*[3], de Tony Hancock et de *Steptoe and Son*[4]. Il se développait, s'épanouissait, sortait de sa coquille. D'après des camarades d'école de sexe féminin, il eut de nombreuses petites amies platoniques et était apprécié pour ses bonnes manières, pour avoir l'air plus mûr que ses pairs et pour ne pas tenter de gestes déplacés. À mesure que sa confiance en lui prospérait, il se mit à jouer des morceaux de rock'n'roll sur le Steinway de l'école, envoyant valser le tabouret de piano et martelant les accords debout, comme ses idoles. Il chantait aussi et se produisait avec plaisir aux fêtes de fin de trimestre et autres. Une foule se réunissait autour de lui quand il jouait. Il devenait une sorte de star de l'école. Le professeur de musique détestait la musique populaire et n'approuvait absolument pas. Son professeur d'histoire déclara : *« Quand tu auras 40 ans, tu seras ou un genre d'employé de bureau*

The Beatles, dont Reg adorait le son blues, 1963.

admiré ou un millionnaire. » Et à la Royal Academy, l'ancien « élève modèle » commença à sécher les cours, sacrifiant apparemment l'esprit d'Elgar à celui d'Elvis. Et construisant l'esprit d'Elton.

Le pub Northwood Hills, au nord de Pinner, presque juste en face de la station de métro Northwood Hills, était grand, mais peu vivant quand le visionnaire George Hill et sa femme Anna prirent possession des lieux en 1961. Leur but était d'animer un peu les soirées en accueillant le nouveau public adolescent florissant et en proposant des concerts les vendredis et samedis soir. Le pianiste populaire de leur ancien pub de Harrow joua deux ou trois week-ends, mais décida que cela lui faisait trop de trajet. Hill chercha quelqu'un pour le remplacer rapidement. C'est là que Fred Farebrother entra et dit que son gamin adorerait essayer. Hill pensa naturellement que Farebrother était le père de Reg. Il répondit qu'il voulait bien le rencontrer. Fred, non content de lui avoir obtenu cette audition, emmena Reg en voiture avec son « matériel », un micro très rudimentaire qui, espérait-on, pourrait amplifier le son du piano miteux du pub. Ann Hill a raconté : « *Il était encore à l'école, il avait à peine 15 ans. Il avait les cheveux très courts et portait un faux-col, une cravate et un pantalon de flanelle grise. Une veste en tweed Harris… d'un genre de couleur orangée. Il était très timide. Il nous a dit qu'il avait écrit une chanson qui s'appelait "Come Back Baby".* »

Dans ce décor fané aux tons principalement bruns, avec Fred et Sheila pour roadies, Reg s'installa. Il commença par « Take These Chains » de Ray Charles. Les clients du pub ne furent pas tout de suite emballés. D'après le propriétaire, Hill, les cris de « *Tire-toi !* » ponctuaient les jets de paquets de chips écrasés et de cendriers de métal. « *Je crois qu'il y a eu quelques pintes de vidées dans le piano aussi.* » Pourtant, il continua, au culot, et après quelques soirées, son « public » sembla se calmer. Finalement, ils se mirent même à battre des mains en cadence. Avec perspicacité, le jeune Reg ne faisait pas uniquement des chansons « modernes » ; il envoyait des vieilles rengaines comme « Bye Bye Blackbird » ou « Roll Out the Barrel ». Du Jim Reeves. Les locaux qui se targuaient de savoir chanter se levaient pour faire un morceau avec lui. Les gitans qui venaient se prirent d'affection pour Reg et firent savoir qu'ils le protégeraient

contre ou pendant tout acte de violence. L'ambiance prenait. Une clientèle plus jeune s'aventura dans le pub. Le quartier était plus difficile à l'époque et, après un verre ou sept, des bagarres éclataient le week-end. Hill se rappelle que pendant une terrible bagarre, Reg abandonna son piano et sauta par la fenêtre. Ce fut pourtant son premier engagement professionnel et régulier et il le tint pendant près de deux ans, économisant pour se procurer du meilleur matériel. Son salaire était d'une livre et dix shillings par soir, plus les pourboires. Les habitués appelaient simplement leur musicien vedette « Reggie ». Son nom n'était peut-être pas encore sous les projecteurs, ni d'ailleurs où que ce soit en dehors du pub, mais alors que la Beatlemania battait son plein, la naissance d'Elton John avait lieu sous les yeux d'ivrognes heureux et batailleurs à Northwood Hills. (Le pub est aujourd'hui un grand bar-restaurant indien avec une plaque assez symbolique en hommage à Elton sur la porte.)

Il pouvait sentir le vent tourner. Ce fut, néanmoins, un choc pour ses parents et ses professeurs quand, à l'âge de 17 ans, début 1965, il décida de quitter l'école, peu avant de passer ses diplômes (en anglais et en musique). Une offre d'emploi comme commis de bureau dans la maison d'édition musicale Mills Music sur Denmark Street dans le West End branché de Londres – un billet de 5 £ pour faire des courses et le thé – était un rêve devenu réalité pour le jeune homme obsédé par la musique. Sa connaissance, un peu obsessionnelle, des faces B en faisait le candidat idéal. Les adultes ? Ils pensaient qu'il faisait une grave erreur. Pour commencer, c'était le seul élève de l'école à avoir le niveau des A-Levels[5] en musique. Il avait 4 O-Levels[6] et les 2 A-Levels lui auraient permis d'entrer à l'université ou même d'obtenir une vraie place à la Royal Academy of Music. Helen Piena, son professeur là-bas, pensait qu'il gâchait son talent et essaya sans succès de l'en dissuader. Papa Stanley, qui vivait désormais dans le Cheshire avec sa nouvelle famille, lui conseilla vivement d'envisager de travailler dans une banque, dans la fonction publique ou même de devenir steward. Le directeur de l'école fut, à la surprise de Reg, finalement assez compréhensif. « *Il m'a demandé si c'était vraiment ce que je voulais faire,* raconta Elton. *J'ai répondu "Oui" et il m'a dit : "D'accord. Tu as ma bénédiction." J'étais sidéré.* »

À ce moment-là, Reggie ne voyait pas son travail chez Mills Music comme un premier pas vers le monde des stars de la pop. Pas le moins du monde. Les pop stars étaient des *« jolis garçons »,* beaux, minces, grands, glamour. Ils n'avaient pas le tic nerveux de repousser leurs lunettes sur le nez toutes les trois secondes. S'il avait, à l'origine, adopté les lunettes comme un accessoire, en hommage à Buddy Holly, il en avait désormais réellement besoin. Pourtant, Denmark Street, la Tin Pan Alley[7] de Londres, était alors le véritable centre de l'industrie de la musique britannique. Et l'offre d'emploi lui était parvenue de manière inattendue. Roy Dwight, le cousin star du football, dont la carrière s'était ralentie prématurément après une mauvaise blessure à la jambe pendant la finale de la FA Cup en 1959 et qui endossait le rôle de coach, travaillait aussi à aider les jeunes

Denmark Street, aussi connue sous le nom de « Tin Pan Alley », dans le West End de Londres, novembre 1963. Le DJ Alan Freeman (à droite) avec, en arrière-plan, Mills Music.

> **Il nous a dit qu'il avait écrit une chanson qui s'appelait 'Come Back Baby'.**
>
> ANN HILL

dans le domaine sportif. Il dit à Sheila que si, grâce à son impressionnante liste de contacts, il entendait parler de quelque chose qui pouvait aider Reggie, il la tiendrait au courant. Il s'avéra qu'un ami d'ami de Roy, Pat Sherlock, travaillait chez Mills Music. Roy ne se contenta pas de demander un entretien, mais il accompagna Reggie. Sherlock se rappelle que le jeune homme avait *« des petites mains pour un pianiste… et une drôle de moue ».* Mais Reggie était respectueux et bien élevé, et il avait de solides connaissances, ce salaire de départ de 5 £ par semaine lui fut donc proposé. Il fut bien sûr ravi. Fini l'école, pour toujours.

Tous ceux qui étaient « dans le business » avaient un bureau dans les environs de Denmark Street ; presque tous ceux qui chantaient y passaient régulièrement. Dans un entrepôt à l'arrière, Reggie Dwight remplissait des bons de commande de partitions, faisait des paquets et les emportait à la poste dans une brouette. Il appelait tout le monde « Sir » et cela amusait ses patrons. Pat Sherlock le remarquait à peine, sauf le jour où ils fêtèrent Noël avec un groupe de footballeurs du Chelsea Football Club et que l'on demanda à Reggie de jouer au piano quelques chansons à reprendre en chœur. « The Old Bull and Bush » se montra de nouveau un outil social efficace pour le jeune Dwight. Il passait aussi de plus en plus de temps avec sa « copine » proche Janet Ritchie. Elle fut invitée un soir à Frome Court pour voir les nouveaux vêtements qu'il s'était achetés dans les magasins d'occasion tendance de Carnaby Street. *« Il s'était pris un manteau de fourrure,* raconta-t-elle. *Un de ceux pour les femmes, courts, que tous les garçons commençaient à porter. Et un tee-shirt Mickey Mouse. Je n'avais jamais vu des trucs aussi excentriques avant. »* Elle se souvient de son commentaire devant sa surprise : *« J'aime que ce soit un peu scandaleux. »*

Évoquant en 1973 son extravagance, il dit : *« Je crois que le seul regret que j'ai dans ma vie, c'est d'avoir eu une mauvaise enfance. Je veux dire : on ne m'a pas tapé sur la tête toutes les trois minutes avec une casserole, mais mon père et ma mère ne s'entendaient pas très bien ; donc, je n'avais pas beaucoup d'amis, des trucs comme*

ça. J'étais fermé comme une huître. Je suppose que je me rebelle contre ça, maintenant. C'est pour ça que je fais toutes ces choses, parce que je n'avais jamais le droit de sortir ou quoi que ce soit. »

Eh bien, l'enfance était désormais arrivée à sa fin et Reggie de Pinner était un gars du West End. Et il allait bientôt devenir un « vrai » musicien, donnant de véritables concerts dans le West End. À l'école, il avait passé quelques mois comme pianiste et chanteur occasionnel (s'occupant des morceaux de Jerry Lee Lewis, où il fallait donner de la voix) dans un groupe amateur, The Corvettes. Stuart Brown (à la guitare) et Jeff Dyson (à la basse) jouaient avec lui, envoyant des reprises de rock'n'roll dans des clubs pour la jeunesse. Après une courte période, Dyson les quitta pour rejoindre les Mockingbirds, qui allèrent jusqu'à faire la première partie des Yardbirds. Mais Reggie et Brown décidèrent alors qu'ils voulaient qu'il revienne, car ils remontaient un groupe plus sérieux qui porterait le nom de Bluesology. Dyson s'était fait quelques contacts utiles avec les Mockingbirds et il se dit qu'il pourrait les « brancher » avec des salles tendance de Soho comme le Marquee Club. Malgré cela, encore assez hésitants, ils mirent longtemps à gagner du terrain. *« On a toujours su que Reg réussirait,* dit Dyson. *Il disait : "Ooh, les gars ! Mais je vais aller loin..." »* Avec Bluesology, ils ne voulaient pas se contenter d'être juste un groupe de beat ou une formule rock'n'roll de plus : ils se piquaient d'incorporer des éléments de jazz et de blues dans un mélange raffiné. Peut-être comme Georgie Fame and the Blue Flames, pensaient-ils : quelque chose d'un peu classe. Ils ne gagnèrent pas immédiatement les faveurs des adolescents. *« On jouait tout le temps le mauvais truc, en essayant de plaire à des goûts minoritaires,* analysa Elton des années plus tard. *Bluesology avait soit deux mois de retard, soit trois mois d'avance. »*

Ils se transformèrent en quintette, accueillant Mick Inkpen à la batterie et un joueur de saxophone ténor, un gars plus âgé connu seulement sous le nom de Mike. Dyson disparut de nouveau, remplacé à la basse par Rex Bishop. Ils participaient à des concours, répétaient le dimanche au pub Northwood Hills. Le propriétaire, George Hill, ignora toutes les allusions au fait qu'il pourrait les soutenir comme il le faisait pour Reggie. Son analyse tenait en trois mots : *« Un sacré boucan. »* Inkpen persuada donc son patron, un bijoutier de Bond Street, de venir à un concert et Arnold Tendler fut ébloui. *« Je n'en revenais vraiment pas,* confia-t-il à Philip Norman. *Au piano, il y avait* [ce] *garçon dans des habits que, même moi, je trouvais ringards. Mais quand il jouait, il était merveilleux. Déjà à l'époque, il envoyait valser le tabouret de piano et jouait même assis sur le sol. »* Tendler endossa le rôle de manager de Bluesology, fournissant les fonds pour de nouveaux instruments, des tenues de scène et une camionnette. Reggie, grâce aux économies faites en jouant au pub, eut enfin le piano électrique qu'il convoitait. D'après Tendler, il avait même *« une petite amie aux cheveux roux qui s'appelait Gipsy. »*

Le nouveau sauveur de Bluesology finança une démo, Stuart Brown chantant sur une face et Reggie interprétant sa propre chanson,

Bluesology, 1965. De gauche à droite : Rex Bishop, Reg Dwight, Terry Patterson, Stewart Brown et Mick Inkpen.

Il s'était pris un manteau de fourrure. Un de ceux pour les femmes... et un tee-shirt Mickey Mouse. Je n'avais jamais vu des trucs aussi excentriques avant.

JANET RITCHIE

« Come Back Baby », sur l'autre. Il leur décrocha rapidement un contrat d'enregistrement avec le label Fontana. Certes, les labels distribuaient les contrats avec prodigalité dans cette nouvelle ruée vers l'or vertigineuse qui suivit la Beatlemania et le contrat était éhontément à sens unique, mais bien entendu, Reggie et Bluesology exultaient. Non seulement « Come Back Baby » était la face A, mais Mills Music, ses employeurs, s'occupèrent de publier leur fier commis. Le single sortit en juillet 1965, pile au milieu de l'été de « Satisfaction » des Rolling Stones, de « Mr. Tambourine Man » de The Byrds et de « We Gotta Get out of This Place » de The Animals. Et c'est là que la réalité les rattrapa. Il sombra sans laisser de trace, mais auparavant, Reggie connut le frisson d'entendre ses agréments vifs, bien que très communs, sur Radio Luxembourg. Quoi qu'il en soit, c'était à présent un pro. C'était un artiste. Il avait fait un premier disque, qu'il avait composé et interprété. Il était en route pour aller loin.

---

1. Célèbre composition du Français Émile Waldteufel (1837-1915).
2. Les Teddy Boys, dit aussi Teds, étaient des jeunes délinquants britanniques ayant développé une véritable subculture dans les quartiers prolétaires après la Seconde Guerre mondiale. Souvent en bande, ils étaient habillés dans un style édouardien (d'où leur nom, Teddy étant le diminutif d'Edward), avec de longs manteaux, une coupe de cheveux grasse plaquée en arrière ou en banane, des lames de rasoir et couteaux à cran d'arrêt. Ce mouvement des années 1950 fut très vite associé au rock'n'roll venu d'outre-Atlantique.
3. Émission de radio maniant un humour absurde et surréaliste, diffusée de 1951 à 1960 sur la BBC.
4. Diffusée entre 1962 et 1974, cette sitcom a marqué l'histoire de la télévision britannique.
5. Équivalent britannique du baccalauréat, mais on choisit les matières que l'on passe et on n'est pas obligé de tout passer en même temps.
6. Équivalent britannique du BEPC, avec une flexibilité similaire à celle évoquée dans la note 5.
7. Surnom donné à la 28e Rue à New York, située en la 5e et la 6e Avenue, connue pour sa légendaire concentration de protagonistes de l'industrie de la musique populaire américaine (éditeurs, musiciens, auteurs-compositeurs).

2

THE CAPTAIN & THE KID MONTENT SUR LE RING

Nous étions de parfaits contraires – le rat des villes et le rat des champs. Mais on avait une chose en commun, c'était d'être dingues de la musique pop. Et de vouloir tous les deux écrire des chansons à tout prix.

BERNIE TAUPIN

Si vous parlez de Bluesology à des fans d'Elton, la plupart d'entre eux sauront qu'il en a été membre. Ils sauront que, en 1966, Bluesology devint le groupe qui accompagnait Long John Baldry. Les mordus des années 1960 mentionneront le fait que leur agence leur dégottait des contrats pour jouer avec des groupes américains de passage, de Isley Brothers à Major Lance en passant par Patti LaBelle. Les experts parleront de l'enregistrement à Abbey Road avec l'un des héros d'Elton, Little Richard. Mais le moment où Bluesology eut le plus grand impact sur la carrière du jeune Reg Dwight fut celui où il choisit un nouveau nom de scène en empruntant ceux de deux de ses membres : le saxophoniste Elton Dean et le chanteur, Mr. Baldry. Ce fut ainsi qu'Elton John, le personnage, l'alter ego, la superstar, vit le jour.

Profitant de l'effervescence libérée de cette décennie, Reggie travaillait pour Mills Music le jour et partageait ses nuits entre les concerts avec Bluesology et les dates en solo au pub. À mesure que Bluesology s'épanouissait, peu à peu, il devint évident aux observateurs les plus éclairés qu'il était le moteur, le véritable talent de cet ensemble efficace et adaptable. Sa mère et son beau-père le soutenaient toujours avec enthousiasme. Le manager, Tendler, fit porter au groupe des tenues assorties. *« Reg était affreux* [là-dedans]*, même si je pense qu'aucun d'entre nous n'était ravissant »*, a raconté leur premier batteur, Mick Inkpen. Stewart Brown était le joli cœur, celui vers lequel les filles se ruaient. Quand « Come Back Baby » échoua à stimuler l'imaginaire collectif, Reg reconnut ouvertement devant ses camarades qu'écrire des paroles n'était pas son fort. L'autre face, chantée par Brown, était une reprise de Jimmy Witherspoon. Des photos promotionnelles montraient le groupe dans des poses guindées devant la tour de Londres, Reggie se distinguant déjà immédiatement des autres par sa coupe de cheveux conservatrice et ses lunettes à monture sombre.

DOUBLE PAGE PRÉCÉDENTE : Reg Dwight avec le parolier Bernie Taupin peu après avoir signé leurs contrats avec Dick James Music, Londres, 1968.

CI-CONTRE : Bluesology joua sur scène avec Patti LaBelle and the Bluebelles pendant leur tournée du Royaume-Uni, 1966.

Après un concours de jeunes talents au Kilburn State, la Roy Tempest Agency proposa à Bluesology des contrats réguliers en tant qu'accompagnateurs. Ils se lancèrent alors dans trois ans de travail intensif, bossant comme musiciens à la demande, embauchés par des groupes en tournée, faisant souvent en plus un set en première partie. Le fonctionnement de Tempest en matière d'entreprise n'était pas très orthodoxe : il faisait venir pour pas cher les groupes britanniques qui étaient en perte de vitesse en Amérique. Son idée était que lui et eux pouvaient tirer une bonne quinzaine de dates là, allant jusqu'à en caler parfois deux dans une soirée si les marges de profit lui paraissaient intéressantes. Wilson Pickett arriva en s'attendant à des musiciens haut de gamme et son directeur musical vint en avion, écouta Bluesology faire de son mieux et refusa. Ils gagnèrent en expérience en faisant entrer dans leurs rangs le trompettiste Pat Higgs et Dave Murphy au saxophone ténor. Higgs était capable d'écrire des arrangements à l'avance, un pas en avant pour les gars, plus jeunes. Quand Major Lance, connu pour son articulation dans le tube « Um, Um, Um, Um, Um, Um » écrit par Curtis Mayfield, rejoignit la troupe, ils se sentirent plus sûrs d'eux. Un soir, au Q Club, Mick Jagger, Keith Richards et Alexis Korner se trouvaient dans le public. Pour le pianiste de Pinner, tout ceci était extrêmement excitant. Épuisant, il est vrai, et traîner tout cet équipement sans roadies était une tâche pénible, mais il avait avancé depuis l'époque où il contemplait des macarons de disques dans sa chambre et il faisait désormais partie de l'usine à rêves.

Bluesology partit en tournée et joua avec Patti LaBelle and the Bluebells – dont faisait partie Cindy Birdsong, qui rejoindrait The Supremes –, The Drifters, Doris Troy (avec un concert au Cavern Club, à Liverpool) et les chanteurs de charme chevronnés The Ink Spots. Si Reggie brûlait d'exprimer sa personnalité, il le cachait bien pour le moment. C'était juste un gars de la bande, qui aimait presque autant parler de musique qu'en jouer. D'autres membres ont rapporté que, à part lancer quelques blagues du *Goon Show* et de Morecambe and Wise, il n'était pas très porté sur les frasques des fêtes après les concerts. Un deuxième single, « Mr. Frantic », sortit en 1966. Stewart Brown chantait sur la face B une reprise de « Every Day I Have the Blues » de B. B. King, mais de nouveau, ce fut une composition originale de Reggie qui fut choisie pour la face A. « Mr. Frantic » n'était pas beaucoup plus novateur que « Come Back Baby » et ses paroles étaient pleines de platitudes conventionnelles, mais il était légèrement influencé par la soul de la Motown, ce qui lui donnait un peu plus de piquant. Par conséquent,

À GAUCHE : The Who, 1965. De gauche à droite : John Entwhistle, Roger Daltrey, Pete Townshend et Keith Moon.

CI-CONTRE : Long John Baldry prit Reg sous son aile et l'emmena en tournée, 1966.

il se hissa jusqu'à la hauteur vertigineuse de *« à peu près n° 150 »* au classement, d'après l'estimation du batteur, Inkpen.

Ils avaient désormais la réputation d'être fiables et appliqués et les tournées avec d'autres groupes donnaient à Dwight un aperçu du travail et du sens du spectacle nécessaires pour s'en sortir dans le circuit live. Tout allait assez bien – ses gages de Bluesology avoisinaient les 20 £ par semaine – pour qu'il donne amicalement sa démission à Mills Music. Fatigué des coups de fouet de Tempest, le groupe le quitta et s'allia avec Marquee Enterprises, qui lui promettait des concerts là où tout se passait, au Marquee Club de Soho. Ils firent la première partie de The Who, Manfred Mann et d'autres, avec des célébrités dans le public. C'était une super vitrine, se disaient-ils. En même temps, ils voyaient des groupes comme ceux de Spencer Davis ou Georgie Fame et comprenaient qu'il leur restait beaucoup de chemin à parcourir. L'ambitieux Elton revint plus tard sur l'expérience en la qualifiant de mondaine et médiocre. Il enviait The Move, qu'il avait vu réussir avec brio. Il voulait sa part du gâteau.

Ils accomplirent une difficile tournée d'Europe en leur propre nom, jouant quatre heures par soir à Hambourg pendant un mois. Mais, comme les Beatles, c'est là qu'ils firent leurs armes. Ils étaient désormais capables de jouer un moment. Cependant, il fallut aussi tenir compte de la fatigue. Il y eut des remaniements, Reg et Stewart étant les seuls membres d'origine à survivre à l'abattage. Le saxophoniste David Murphy resta, rejoint par le bassiste Fred Gandy, le batteur Paul Gale et le trompettiste Chris Bateson. Et puis, Long John Baldry fit son entrée. Les espoirs et les chagrins allaient commencer.

Certains considèrent Baldry comme l'homme qui découvrit Elton John. Il y a des arguments pour, mais on peut également penser qu'il ne sut pas repérer la superstar qui se tenait sous son nez. La présence et le talent de Baldry inspiraient un profond respect, qu'Elton lui a toujours témoigné. Du haut de ses 2,05 mètres, Baldry vit le groupe jouer à Kensington (en face du Victoria and Albert Museum) et lui proposa du travail. C'était une marque de confiance de la part d'un homme qui était déjà presque une légende. Chanteur pionnier du blues au Royaume-Uni, il s'était produit avec Blues Incorporated d'Alexis Korner, qui inspira les Stones, Led Zeppelin, Rod Stewart (un autre jeune qu'il avait encouragé) et Cream. Il avait du prestige et des contacts. Sans parler d'une voix belle et retentissante.

Bluesology et Baldry firent donc équipe pendant les deux années suivantes. Ils se changèrent en une entité protéiforme et

> **Je crois que faire du cabaret, c'est le cimetière des musiciens. J'aimerais mieux mourir que travailler dans le cabaret.**
>
> ELTON JOHN

flexible, avec des membres comme Marsha Hunt (qui serait bientôt la star de *Hair*), le guitariste Neil Hubbard (qui deviendrait plus tard un élément clé du son de Bryan Ferry and Roxy Music), Caleb Quaye et le susmentionné Elton Dean venant grossir les rangs. Dean, qui jouerait avec Soft Machine et Keith Tippett, se souvient de Dwight comme d'un *« chanteur frustré »*. Dans cette version remodelée de Bluesology, il était très bas dans la liste quand il s'agissait de chanter. Aux répétitions, il proposait des chansons qu'il avait écrites, sans grand succès. Il y eut un autre single de Bluesology, « Since I Found You Baby », mais il était chanté par Stewart Brown et écrit, croyez-le ou non, par l'acteur et figure de la télévision populaire Kenny Lynch. Début 1967, Baldry commençait à être frustré parce que Bluesology n'avançait pas aussi vite que son précédent groupe, Steampacket, et décida d'aller vers des ballades plus grand public. Et avant la fin de l'année, il fut n° 1 grâce à l'épique et ardente chanson d'amour « Let the Heartaches Begin », écrite par Tony Macaulay et John Macleod. Baldry (surnommé Sugarbear) allait néanmoins jouer plus tard un rôle clé en remontant le moral de son pianiste d'autrefois, comme cela est rapporté dans les paroles du tube « Someone Saved My Life Tonight » (1975).

Reg, grincheux, faisait un peu la tête : *« Je crois que faire du cabaret, c'est le cimetière des musiciens. J'aimerais mieux mourir que travailler dans le cabaret »*, râla le jeune de 20 ans face à Paul Gambaccini de *Rolling Stone* en 1973. Il fit ses adieux à Bluesology plus tard cette année-là, tout comme Brown et Dean. Un certain Caleb Quaye vint comme remplaçant, sans savoir, à cette époque, qu'il serait plus tard un membre régulier du groupe d'Elton John, mais l'ensemble se sépara en 1968. Quant à Reggie, il avait vu dans le *New Musical Express* une petite annonce qui avait excité son imagination. Elle allait conduire à la rencontre la plus importante de sa carrière, rencontre qui allait profondément changer sa vie.

Le 17 juin 1967, le *NME* – qui fut un jour le must de la presse musicale – passa l'annonce suivante :

« LIBERTY CHERCHE DU TALENT.
ARTISTES/COMPOSITEURS/CHANTEURS-MUSICIENS.
Appeler ou écrire à Ray Williams. »

Williams, qui lançait Liberty Records, était lui-même un must de la scène musicale londonienne de l'époque. Encore adolescent, il avait déjà travaillé aux relations publiques pour des gens comme The Kinks, The Hollies et Sonny & Cher et été impliqué avec ceux qui étaient l'essence même du Swinging London des années 1960 : la présentatrice de l'émission de télévision pop *Ready Steady Go!*, Cathy McGowan l'avait choisi comme assistant, en partie parce qu'il était notoirement beau, blond et élégant. Il avait souvent joué les modèles pour le magazine *Mod's Monthly*. Liberty, un label US, avait fait partie d'EMI, mais était en train de prendre son indépendance et avait nommé Williams, qui avait de bonnes antennes, à la tête du département artistique.

Et il fallait un type avec des antennes. Cette année-là avait vu des changements radicaux dans la température, le ton et le timbre de la pop britannique. Les choses bougeaient très vite dans la contre-culture, l'underground, la mode et les arts. Les Beatles avaient sorti le marquant *Sgt. Pepper's Lonely Hearts Club Band*. Pink Floyd et d'autres fascinaient la jeunesse « alternative » avec le psychédélisme. Bob Dylan et, plus proche géographiquement, les paroles de Keith Reid pour « A Whiter Shade of Pale » de Procol Harum étaient les chantres d'une utilisation plus inventive et exigeante des mots dans les chansons pop.

Reg Dwight répondit à l'annonce par écrit, mécontent avant un concert à Newcastle avec Bluesology. Ray Williams l'invita dans son bureau sur Albemarle Street à Mayfair pour discuter. La motivation première de Reg était qu'il en avait assez de la vie sur les routes avec le groupe de Baldry. Des années plus tard, il raconta à Paul Gambaccini : *« Je lui ai dit que je ne savais pas écrire de paroles et que je ne chantais pas très bien, mais que je pensais pouvoir composer des chansons. »* Williams le fit auditionner dans un studio : faisant preuve d'assez peu d'inspiration, Dwight joua cinq chansons de Jim Reeves et Ray Charles. On lui dit effectivement de ne pas rappeler, qu'on l'appellerait.

Les pianistes n'étaient pas vraiment en vogue en cette époque où les groupes de guitares accédaient à la gloire. Reg était tout sauf branché, en particulier du point de vue d'un homme qui était l'incarnation même du cool contemporain. Toutefois, il ne laissa pas Williams complètement indifférent. Ce dernier pouvait voir à quel point Dwight se métamorphosait en un autre personnage quand il chantait. Il lui conseilla avec obligeance de tenter sa chance auprès de Dick James, l'éditeur musical des Beatles, après avoir fait quelques démos décentes. Et il l'aida à faire ces démos, dans le décor familier des environs de Denmark Street. Ce ne fut pas la seule contribution utile de Williams. Il avait reçu un autre candidat qui non seulement ne savait pas chanter, mais ne jouait pas non plus d'instrument et se présentait comme un poète dont les paroles

Dick James et
Brian Epstein, 1964.

pouvaient fonctionner avec la musique des autres. L'homme du département artistique, sans s'imaginer une seconde qu'il réalisait l'une des mises en relation les plus importantes de l'histoire de la musique, recommanda à Reggie d'entrer en contact avec lui. Williams lui tendit une enveloppe qui contenait les pages de paroles qui lui avaient été envoyées, avec une lettre, du Lincolnshire. Le chanteur ouvrit l'enveloppe dans le métro en rentrant chez lui. C'est ainsi que Bernie Taupin entra dans l'histoire.

Pendant que Williams reportait son attention sur des groupes qu'il trouvait dignes de signer –Bonzo Dog Doo-Dah Band, Jeff Lynne (qui ferait plus tard partie de The Move et ELO) et Mike Batt (qui entrerait dans The Wombles et bien d'autres)–, Reggie se retrouva face à une liasse de paroles aux titres étranges comme « Year of the Teddy Bear[1] » et « Sad-Eyed Queen of Laughing Lake[2] ». Mais Williams continuait à soutenir discrètement Dwight, peut-être en partie parce qu'il avait de la peine pour lui, l'ayant perçu comme un jeune homme talentueux mais insatisfait. Liberty n'était pas intéressé, mais il présenta Dwight à des auteurs et musiciens de l'entourage de Dick James.

James s'était trouvé au bon endroit au bon moment, avait obtenu une rencontre avec Brian Epstein et remporté l'édition incomparablement fructueuse de Lennon et McCartney. Il avait fait preuve de jugeote en montant Northern Songs, qui partageait généreusement les royalties à 50/50 avec les auteurs, gagnant ainsi leur confiance. Ce geste radical eut l'effet d'une bombe sur la façon dont les choses avaient toujours fonctionné sur Tin Pan Alley. Pour toutes ces raisons, il était apprécié de tous dans le business et avait toujours une longueur d'avance sans susciter d'antipathie. Tous les auteurs-compositeurs en herbe le suppliaient de les recevoir et bientôt DJM (Dick James Music) fut une grande exploitation prospère, dans laquelle le fils de Dick, Stephen, fut impliqué très tôt. Ce fut lui qui défendit l'idée d'un studio d'enregistrement sur place, et c'est là que

Il avait quelque chose de spécial… Tous les jours, ça ressortait un peu plus.

CALEB QUAYE

Reggie travailla avec les jeunes auteurs Nicky James et Kirk Duncan tout au long de l'été 1967. Ils firent venir Tony Murray –qui serait plus tard membre de The Troggs– à la basse et Dave Hinds à la batterie. Ils enregistraient des collaborations Dwight-James-Duncan qui étaient proposées à The Hollies ou d'autres groupes du hit-parade. Reggie chantait, mais les témoignages suggèrent qu'il était peu sûr de lui et considérait ses parties de chant comme un simple guide, une ligne à suivre. L'ingénieur du son du studio était son vieil ami et rival Caleb Quaye, qui aimait se payer sa tête et, dans ce contexte, cela a pu lui couper les ailes, la liberté d'être quelqu'un d'autre qu'un gamin de Pinner. Quand les choses se mirent en place, Quaye se montra plus respectueux, chantant les louanges de Dwight. *« Il avait quelque chose de spécial… Tous les jours, ça ressortait un peu plus. »* Reggie appréciait le fait de rencontrer les grands noms qui passaient : Graham Nash, qui jouait à l'époque dans The Hollies, ne se contentait pas de faire son devoir. Quand ils débauchaient, son camarade Allan Clarke et lui emmenaient ces jeunes pleins d'espoir boire plus que de raison.

Pendant ce temps, Bernie Taupin, âgé de 17 ans, était arrivé à Londres, naïvement optimiste, s'attendant à ce que les rues soient pavées d'or. Il logeait chez son oncle à Putney, pensant peut-être qu'il gagnerait bientôt assez pour prendre son propre appartement. En entrant chez Liberty Records, il vit, lui aussi, Graham Nash sur les marches et se dit, sans le moindre doute, qu'il avait touché le gros lot. Ray Williams organisa une rencontre entre Taupin et Dwight chez Dick James Music. Taupin, nerveux, était encore plus mal fagoté que Reggie. Chez DJM, il attendit nerveusement dans la salle de contrôle, observant Reggie terminer une partie de piano. Caleb Quaye lui demanda qui il était et s'il était censé être là. Quand Reggie quitta la cabine et demanda si Bernie était *« le parolier »,* ils sortirent tous deux pour boire un café et parler dans un établissement de Tottenham Court Road.

Leur amour commun pour la musique leur permit de nouer contact facilement dans un premier temps. Comme la plupart des jeunes gens de l'époque, ils aimaient tous deux les Beatles, Dylan, la Motown. L'humilité désarmante de l'autre les frappa tous deux. Ils avaient chacun une connaissance encyclopédique de leurs disques et groupes préférés. Et pourtant, ils réalisèrent qu'ils avaient eu des enfances complètement opposées : heureuse ou difficile, une ferme ou la banlieue, un père chaleureux et aimant ou absent et distant. Elton avait tourné dans des clubs de blues tandis que Bernie récurait des écuries. Taupin a déclaré : *« Nous étions de parfaits contraires –le rat des villes et le rat des champs. Mais on avait une chose en commun, c'était d'être dingues de la musique pop. Et de vouloir tous les deux écrire des chansons à tout prix. »* À leur deuxième tasse de café, ils s'engagèrent à essayer. Reggie présenta Bernie à Nicky James et Kirk Duncan, qui feuilletèrent les pages de paroles de Bernie et parurent enthousiastes. Ils n'étaient pas « possessifs » avec leur collègue. Et bientôt Dwight et Taupin devinrent le duo d'auteurs par défaut. L'équipe réalisa rapidement sa première chanson coécrite par Taupin, « Scarecrow ». Bernie fut ravi de montrer le microsillon à son oncle, mais il ne réagit pas plus que ça. Ils prenaient pourtant de la vitesse et Bernie, prolifique et motivé, envoyait des paroles à Reggie. Quand ils étaient chez DJM, Bernie donnait ses feuilles de papier et Reggie allait se mettre au piano dans une autre pièce, refusant avec timidité qu'on le regarde pendant qu'il composait. Il était rapide. Une dizaine de minutes plus tard, il était en général de retour avec une mélodie et une structure. Quaye et DJM étaient arrangeants et d'un grand soutien, laissant les sessions se poursuivre jusque tard dans la nuit. Pour Reggie, c'était idéal –quelqu'un s'occupait de son point faible, l'écriture des paroles. C'était également idéal pour Bernie : il avait l'impression que Reggie trouvait le ton juste à chaque fois et il ne modifiait et n'ergotait jamais, ou rarement, face aux mots longs ou incongrus. L'été 1967 en cours n'était pas le leur, mais ils posaient des bases pour le long terme.

Sleaford, un bourg du Lincolnshire, n'a pas donné autant de personnes célèbres que Pinner. Sa liste a presque un ton d'excuse : le romancier Thomas Shipman, l'acteur Joseph Smedley, l'actrice et humoriste Jennifer Saunders, ou encore Eric Thompson, qui était le narrateur de *The Magic Roundabout*[3]. Les membres du groupe électro-punk contemporain Sleaford Mods ne sont pas de là, mais de la ville voisine de Grantham. Toutefois, Bernie Taupin y est né et grandit dans une ferme. Comme il l'exprime dans « Goodbye Yellow Brick Road », il y eut des moments à l'époque de ses débuts à Londres, avant le succès, où il regrettait de ne pas avoir écouté son père et être resté là-bas.

Il vit le jour le 22 mai 1950 dans la ferme Flatters, entre Sleaford et le village d'Anwick. Il n'y avait pas l'électricité. Il avait des racines françaises, de Bourgogne : son grand-père s'était installé à Londres. Son père, Robert Taupin, fit ses études à Dijon et sa mère, Daphne, en Suisse. Fille d'un enseignant de lettres classiques dont l'influence nourrit l'amour pour les mots de Bernie, elle étudia la littérature française et russe, apprenant à parler couramment le français, tout en travaillant comme bonne d'enfants. Le couple se rencontra à Londres et se maria en 1947.

Abandonnant ses études de droit, souffrant de problèmes de santé, le père de Bernie trouva un emploi d'éleveur dans une

Reg Dwight et Bernie Taupin, Londres, 1967.

grande ferme près de Market Rasen. Ils finirent par s'installer à Rowston Manor, où il y avait l'électricité. Quand Robert décida de se lancer en tant que fermier indépendant, la famille reprit le domaine décrépit de Maltkiln Farm, à Owmby-by-Spital. Kit, le frère de Bernie, de onze ans son cadet, y naquit. C'est de là que Bernie avait envoyé sa lettre pleine d'espoir à Liberty.

Il grandit inspiré par les récitations que lui faisait son grand-père de Tennyson et Coleridge, par *Winnie l'ourson*[4], par *Le Vent dans les saules*[5], par les contes de Narnia de C. S. Lewis et par le catholicisme romain (il avait été enfant de chœur dans l'église locale). Il se mit à aimer les histoires du Far West, dévora des livres et des films sur Billy the Kid, Jesse James, Wyatt Earp, Davy Crockett. Fatalement, il devint écrivain. À l'âge de 10 ans, il griffonnait ses propres histoires de cow-boys américains : un symbole ou une métaphore à laquelle il reviendrait régulièrement. L'oncle de Putney qui l'hébergerait quand il ferait la connaissance de Reggie lui fit découvrir la musique : Woody Guthrie, Lonnie Donegan, Leadbelly. Il était fasciné par le cran et le glamour qu'il trouvait à tout ce qui venait d'Amérique. Owmby-by-Spital n'était pas à la pointe de la musique actuelle, mais progressivement, grâce à Radio Luxembourg, Bernie absorba le rock'n'roll et la country, avec une préférence pour cette dernière. Johnny Cash lui semblait être un cow-boy de plus. Il essaya de s'endurcir pendant son adolescence, mettant de côté la littérature et essayant de s'habiller comme les autres jeunes, affichant un engouement pour Jerry Lee Lewis ou Little Richard. Mais quand il entendit Bob Dylan chanter « The Times They Are a-Changin' » à la radio, sa réaction viscérale face aux mots ressurgit avec force. *« Sa voix était comme du verre brisé, comme s'il crachait. Les mots étaient comme des flèches tirées droit au cœur de l'ordre établi. Ça m'a fait réaliser l'effet que les paroles d'une chanson pouvaient produire. »*

Il espérait se servir de ses mots en tant que reporter pour le *Lincolnshire Standard*, mais on lui offrit un apprentissage dans la

On a toujours cru en Reg et pensé qu'il avait du talent. Mais le plus important, c'était qu'on l'aimait bien.

STEPHEN JAMES

salle des rotatives. Un travail aussi stable n'était pas quelque chose à dédaigner ; pourtant, c'est ce que fit Bernie. Il commença sa période rebelle. Blasé et s'étant mis à boire, il insulta le contremaître et plaqua tout. Il rôdait, bougon, chez lui, à la grande déception de ses parents. Il noircissait des pages de paroles dans sa chambre, mais le monde de la pop semblait, et était, très éloigné. *« J'étais tellement loin du centre de tout. Je n'avais aucune idée de comment travaillaient les maisons de disques ou les auteurs de chansons. »* Début 1967, l'année où il rencontra Elton John, il travaillait dans un élevage de volailles, portant des centaines de cadavres de poulets à l'incinérateur suite à une épidémie de peste aviaire.

Découvrant l'annonce de *New Musical Express*, il tapa quelques-unes de ses chansons dans l'intention de les envoyer à Ray Williams. En tout cas, il rêva de le faire. Il ne les envoya jamais vraiment. Improbable coup de chance, sa mère trouva l'enveloppe abandonnée sur le manteau de la cheminée et la posta.

Alors que Taupin et Dwight commençaient à rendre leurs rêves plus tangibles en écrivant ensemble à Londres, il y eut un coup d'accélérateur. Stephen James décida que leurs démos étaient prometteuses. À la surprise des deux, ils furent convoqués à une réunion avec Dick. Leur timidité polie et les traits d'esprit de Reggie le touchèrent à son tour. Stephen a expliqué : *« On a toujours cru en Reg et pensé qu'il avait du talent. Mais le plus important, c'était qu'on l'aimait bien. »* Dick James embaucha Dwight et Taupin comme auteurs. Ils en furent enchantés. Pour Dwight, cela voulait dire qu'il pouvait enfin arrêter de suer sang et eau avec Bluesology. Pour Taupin, c'était l'accomplissement d'un rêve irréel. *« Recevoir vraiment de l'argent pour écrire des chansons ! Je n'arrivais pas à croire qu'ils étaient sérieux. »* Une personne n'apprécia pas cet arrangement ; c'était Ray Williams, sans qui le duo ne se serait jamais rencontré. Il ne retira rien de cet accord, mais étant donné qu'il fréquentait le haut du panier, il s'en remit rapidement. Comme tant d'autres, Stephen James ne percevait pas la pop star potentielle en Reg ; aussi, il voyait le duo uniquement comme des auteurs qu'il poussa à étudier les tubes récents de stars de sexe féminin comme Lulu, Sandie Shaw et Dusty Springfield et à tenter de les imiter. Ils signèrent officiellement avec DJM le 7 novembre. (La mère de Reggie et le père de Bernie leur servirent de témoins.) On leur remit une modeste avance de 100 £ et des honoraires hebdomadaires encore plus modestes (en attendant de futures royalties).

Au cours des deux années suivantes, ils écriraient effectivement pour Lulu, ainsi que pour Roger Cook et d'autres, bien que la route de briques jaunes soit encore loin d'être pavée d'or. *« Ça a été deux années de souffrance, à écrire n'importe quoi »,* se plaignit plus tard le chanteur. À l'origine, quand Stephen faisait l'article de leurs chansons dans les départements artistiques, les réactions étaient positives, mais pas enflammées. Stephen remarqua que des gens expérimentés lui disaient que ces chansons étaient trop excentriques pour des artistes reconnus, mais que le chanteur était intéressant, différent. La famille James prouva alors une fois de plus qu'elle ne laissait jamais filer une occasion et Stephen proposa à Reggie un contrat d'enregistrement. De nouveau, Reggie fut enchanté, même si le contrat était minuscule (et analogue à celui

À GAUCHE : Reg Dwight et Bernie Taupin, Londres, 1967.

À DROITE : Lulu, 1967, l'une des premières artistes du nouveau duo d'auteurs.

qu'il avait avec Bluesology). Revigoré, il fit une tentative concertée de perte de poids. Il y parvint, dans une certaine mesure, certains le décrivant même à l'époque comme *« décharné »*. Son dernier espoir d'obtenir plus de parties de chant dans Bluesology s'était évanoui quand Long John Baldry était arrivé en tête des charts : il était hors de question qu'il partage les feux de la rampe avec un autre chanteur. Dégoûté par le circuit du cabaret, Reg fit ses bagages et courut vers son propre chantier.

Sur un vol retour vers Londres après l'un de ses derniers concerts avec Bluesology à Édimbourg en décembre, il demanda aux autres musiciens de l'aider à se trouver un nom d'artiste solo. Même Reg Dwight se rendait compte que Reg Dwight n'était pas un nom vendeur, digne d'une tête d'affiche. Dans l'avion, il demanda même purement et simplement au saxophoniste Elton Dean s'il pouvait lui voler son nom. *« C'est un peu fort, Reg »*, marmonna Dean. D'après ce dernier, Reg s'éloigna et revint une minute plus tard. *« Ok,* dit-il, *est-ce que ça va si je prends le nom d'Elton John ? »* Il avait scanné toutes les personnes assises, y compris Baldry, en essayant les différentes combinaisons. Aucun des élus ne souleva d'objection. Reggie Dwight n'était plus. Longue –espérait-il– vie à Elton John. Alors que 1967 laissait place à 1968, il fêta sa nouvelle identité en prenant une petite amie. Il ne s'arrêta pas là, elle devint sa fiancée.

Ils se rencontrèrent la veille de Noël. Reg, que nous appellerons dorénavant Elton, donnait l'un de ses derniers concerts avec Bluesology à Sheffield. Linda Woodrow subissait des violences présumées de son petit ami de l'époque et Elton, en improbable chevalier blanc, la sauva de ce désagrément. Telle était, en tout cas, la version d'Elton. D'après la biographie de David Buckley, Linda déclara que ce n'était pas son petit ami, juste celui qui l'accompagnait en cette soirée fatidique. Elle jugea qu'Elton et elle avaient tout de suite eu des atomes crochus : *« On a bien accroché tout de suite… Je le trouvais drôle et j'appréciais sa compagnie. »* Il l'invita aux prochains concerts et pendant les six mois qui suivirent, ils sortirent ensemble, à tous points de vue. Ils avaient de longues conversations téléphoniques entre Sheffield et Londres et bientôt, Linda se sentit assez sûre des sentiments d'Elton pour emménager à Londres. Elton,

Premières photos promotionnelles d'Elton, Hampstead, Londres, janvier 1968.

se déclarant amoureux, quitta enfin la maisonnette de Frome Court de sa mère et de son beau-père : adieu, Pinner. Ou, comme cela s'est avéré par la suite, à plus tard. Il s'installa dans un appartement que Linda, entreprenante et compétente, avait trouvé à Islington, sur Furlong Road. Bernie, qui avait rejoint son partenaire d'écriture à Pinner depuis un moment, le suivait désormais partout. Linda raconterait plus tard à un journal que *« là où Elton allait, il allait »* et qu'aucun des deux ne payait de loyer. Elle casquait pour toutes les factures, affirma-t-elle. *« Ça ne me dérangeait pas, j'étais amoureuse et je voulais être avec lui. »*

Linda, de deux ans l'aînée de son galant de 20 ans, avait sur le papier beaucoup plus d'argent que les artistes fauchés. Issue de la classe moyenne supérieure, diplômée d'un pensionnat de jeunes filles, elle était l'héritière de Epicure Products, un géant des conserves d'oignons américain. Son héritage était cependant sur un fonds en fidéicommis ; aussi, elle travaillait, pour le moment, comme secrétaire. Quand Elton et elle se fiancèrent, raconta-t-elle plus tard au *Hamilton Spectator,* elle paya 200 £ sa propre bague de fiançailles. Les invitations furent envoyées pour un mariage en juin 1968.

Mais Elton commençait à se repentir. En partie dans le déni, il était insatisfait de sa carrière musicale qui peinait encore, un sentiment encore attisé par les succès de ses amis. Ni Bernie ni la mère d'Elton, Sheila, n'étaient emballés par ces fiançailles. Linda était raisonnable, pragmatique et prévoyait que son fiancé mettrait de côté la musique qui n'avançait pas pour prendre un vrai travail avec de bons revenus afin d'assurer une paternité future. Dans l'esprit d'Elton, non seulement cela renvoyait au système de valeurs de son père, mais c'était comme un affront au potentiel des chansons plus solides qu'il créait alors avec Bernie. Elle n'était pas, soupçonnait Elton, une grande fan de la pop.

Bien sûr, avec le recul, il y avait d'autres lignes de fractures majeures. Linda a raconté que les contacts physiques étaient rares. À l'époque, elle-même inexpérimentée, elle supposait que c'était comme ça que les choses se passaient. Plus tard, elle comprit le problème différemment. Habitué à vivre avec ses parents, il trouvait la vie de couple difficile – et Bernie aussi. Linda voulait de l'ordre, de la normalité. Les auteurs la trouvaient stricte, surtout pour l'époque. Quand Bernie demanda à mettre un poster de Simon and Garfunkel sur le mur de sa chambre, elle refusa. Il n'aimait pas son chien, qui vidait régulièrement ses boyaux sur le pas de la porte. Pourtant, une grande partie de ces reproches est une critique partisane a posteriori. À un certain niveau, le couple aimait les nouvelles perspectives que les idées de l'autre apportaient et Elton fut tout d'abord emporté par un tourbillon de sentiments nouveaux. Jusqu'à ce que ce ne soit plus le cas. Linda pensait que son anxiété était liée à la musique. Ses amis, pour certains, savaient que ce n'était pas le cas. Le point de vue de Long John Baldry allait se révéler particulièrement important.

À GAUCHE : Suivant les pas de Jerry Lee Lewis pendant un concert, 1968.

À DROITE : En 1968, peu après avoir signé son contrat avec Dick James Music.

1. « L'Année du nounours ».
2. « La Reine aux yeux tristes du lac rieur ».
3. Adaptation anglaise de la série *Le Manège Enchanté.*
4. *Winnie-the-Pooh.*
5. *The Wind in the Willows*

3

« LE NOUVEAU MESSIE EST ARRIVÉ »

J'ai, en quelque sorte, été poussé à devenir chanteur, parce que personne n'enregistrait nos chansons. Une fois que j'ai goûté à la scène, j'ai vraiment aimé ça.

ELTON JOHN

Les fiançailles compliquées et bâclées d'Elton agitaient violemment son âme. À tel point qu'il tenta (en quelque sorte) de se suicider, même s'il en résulta plus de ridicule que de pathos. Un soir, Bernie sortit de sa chambre de l'appartement de Linda à Islington, à cause d'une odeur de gaz. Il trouva Elton la tête dans le four, le reste de son corps étendu sur le ventre dans la cuisine. Elton avait pris la sage précaution de laisser les fenêtres ouvertes et avait même placé un confortable oreiller dans la cuisinière pour sa tête. En réalité, cela ressemblait moins à une déclaration grandiose qu'à une tentative très bancale pour attirer l'attention. Bernie ne put s'empêcher de ricaner, et pas simplement à cause du gaz. En 2018, il raconta l'histoire, déjà exposée dans « Someone Saved My Life Tonight », au présentateur de *CBS Sunday Morning,* Lee Cowan, ajoutant à ce qui figurait dans la chanson : *« Je l'ai écrite de son point de vue. C'était un incident très… comique, lui, déprimé et faisant une tentative – une maigre tentative, je dirais – de suicide. Laissant les fenêtres ouvertes pendant que le four fonctionnait. Et moi, j'entre et je dis : "Qu'est-ce que tu fais ? Relève-toi ! C'est débile. Ne sois pas débile !" Mais c'était un appel à l'aide sérieux, donc ça faisait un bon ingrédient pour une chanson. C'est toujours une super chanson aujourd'hui. »*

À l'origine de cette tragi-comédie, cependant, il y a quelque chose de sérieux. Elton ne pouvait visiblement pas épouser Linda. Quelques semaines plus tard, Bernie et lui étaient de sortie et buvaient en compagnie de Long John Baldry près de Carnaby Street, au Bag O'Nails, fréquenté par les pop stars. Ils étaient tous bourrés. Baldry prit sur lui et exposa son point de vue. Il dit à Elton d'arrêter d'être ridicule, d'admettre qu'il n'aimait pas Linda et qu'il devrait arrêter de se lamenter et de procrastiner et y mettre fin pour leur bien à tous les deux. Elton n'avait même pas réalisé que Baldry était gay et il n'était pas encore sûr de l'être lui-même, bien que Baldry s'en soit rendu compte. *« Si tu épouses cette femme, tu vas détruire deux vies, la tienne et la sienne. »* Des années plus tard, Elton reconnut que ce conseil lui avait *« sauvé la vie »* et Bernie retraça l'histoire dans les paroles de l'épique « Someone Saved My Life Tonight ». Le duo d'auteurs tituba jusqu'à l'appartement à l'aube et, laissant l'alcool parler, Elton annonça son épiphanie à Linda. Malgré tous les signes et indices, elle fut stupéfaite, blessée et en eut le cœur brisé. Son ex-fiancé, toutefois, fut envahi par le soulagement, comme si on lui avait arraché une dent douloureuse. Le jour même, Fred, son beau-père, vint l'aider à faire ses bagages et à s'installer de nouveau à Pinner. Bernie les rejoignit dans la semaine. Tragiquement, Linda et Elton ne se sont plus jamais adressé la parole.

Comme pour souligner qu'il commençait une nouvelle étape de sa vie – et, bien que cela n'en ait pas eu l'air à première vue, le succès n'était plus très loin –, Elton essaya d'améliorer son image, portant des vêtements qui évitaient les clichés hippies mais exhibaient des couleurs vives et draguant, avec hésitation au départ, à outrance. Bernie traversait une phase dans laquelle ses paroles reflétaient le jargon sous acide des années 1960 et quand le premier single d'Elton sortit chez Philips le 1er mars 1968, il s'agissait d'une des compositions du chanteur (bien qu'il en ait magnanimement partagé le crédit avec celui qui était désormais son meilleur ami). « I've Been Loving You », produite par Caleb Quaye, n'avait rien d'un standard, mais elle peut revendiquer le fait de lui avoir attiré les premières attentions de la presse. En parallèle, Taupin et lui eurent une chanson choisie comme candidate pour la participation du Royaume-Uni au Concours Eurovision de la chanson 1969, qui à l'époque était une distinction artistique bien moins importante que ça ne le deviendrait

DOUBLE PAGE PRÉCÉDENTE : Au clavier d'un piano quart de queue noir, novembre 1970.

CI-DESSUS : Posant pour un portrait, Londres, 1969.

par la suite. Lulu chantait « I Can't Go on Living Without You ». Elle arriva sixième sur les six de la présélection, mais le vainqueur national, « Boom Bang-a-Bang », se classa premier ex aequo au concours final. Elton exprima plus tard être soulagé que sa chanson ait fait un bide, imaginant le chemin qu'aurait pu prendre sa carrière si le morceau avait décollé. Il endossa, une fois de plus, la responsabilité des paroles, les rejetant avec ce que l'on appelle communément des « termes énergiques ». Au moins, sa mère avait voté pour sa chanson, comme le font les mères. Plusieurs fois.

Il créa, produisant suffisamment de démos pour un album qui ne vit jamais le jour. À côté, il travailla comme pianiste de studio, participant à des morceaux de The Hollies (le piano sur « He Ain't Heavy, He's My Brother »), The Scaffold (les chœurs sur « Lily the Pink », qui se classa n° 1 à Noël) et d'inoubliables classiques comme « An Olympic Record » des Barron Knights. En enregistrant ce dernier à Abbey Road, il eut l'immense plaisir de tomber sur Paul McCartney, qui se mit au piano et leur fit écouter, à Bernie et à lui, quelque chose qu'il venait d'écrire. C'était « Hey Jude ». Le fait que les chansons galvaudées et convenues qu'il écrivait pour d'autres ne soient ni à son goût ni à celui des interprètes auxquelles elles étaient destinées ne fit probablement qu'augmenter la frustration d'Elton et pourrait expliquer le titre épouvantable d'un titre de son premier album – « Hay Chewed[1] ». Pourtant, cette ambition contrariée le poussa à prendre plus au sérieux le rôle d'artiste solo. D'après le biographe d'Elton, David Buckley, il déclara : *« J'ai, en quelque sorte, été poussé à devenir chanteur, parce que personne n'enregistrait nos chansons. Une fois que j'ai goûté à la scène, j'ai vraiment aimé ça. »*

Il était aidé et encouragé par Steve Brown, un publicitaire de DJM, qui contredit Dick James et affirma que John et Taupin devaient se concentrer sur leur propre travail. Il leur conseilla d'écrire ce qu'ils voulaient. Lionel Conway, du département Édition, les assista également, faisant en sorte que la chanson du duo « Taking the Sun from My Eyes » figure sur la face B d'un disque de la star de la télévision Ayshea Brough et que leur composition « The Tide Will Turn for Rebecca » soit enregistrée par l'acteur Edward Woodward. Roger Cook et Roger Greenaway, un duo d'auteurs expérimenté, leur remontèrent aussi le moral, Cook enregistrant lui-même leur chanson « Skyline Pigeon ». Un autre single d'Elton John sortit, avec « Lady Samantha », une réelle amélioration par rapport au précédent. La guitare de Caleb Quaye était, une fois de plus, un élément intéressant et le refrain montrait que le duo commençait à maîtriser les lieux communs de leur profession. La voix d'Elton était aussi plus confiante, plus elle-même (et ne tombait pas dans les américanismes dont il ferait plus tard une habitude). Le fait qu'il ait raté les auditions qu'il avait récemment passées auprès des géants du rock progressif King Crimson et Gentle Giant semblait être un mal pour un bien. Sorti en janvier 1969, le single ne parvint pas à se classer, mais obtint beaucoup de temps d'antenne. C'était un bon présage pour l'année à venir. L'industrie savait à présent qui était Elton John et Dick

Portant une chemise et un nœud papillon hauts en couleur, Londres, 1969.

EMPTY SKY

TRACKLIST

FACE A

1. Empty Sky
2. Val-Hala
3. Western Ford Gateway
4. Hymn 2000

FACE B

5. Lady What's Tomorrow
6. Sails
7. The Scaffold
8. Skyline Pigeon
9. Gulliver/Hay Chewed/Reprise

Enregistré aux Dick James Music Studios, Londres (Angleterre)
Produit par Steve Brown
Sortie 6 juin 1969 (UK), 13 janvier 1975 (US)
Label DJM Records, DJLPS 403
Meilleure place au hit-parade lors de sa sortie* US 6

MUSICIENS

Elton John : chant, piano, orgue, Fender Rhodes, clavecin
Caleb Quaye : guitare électrique, guitare acoustique, congas
Tony Murray : basse
Roger Pope : batterie, percussions
Nigel Olsson : batterie sur « Lady What's Tomorrow »
Don Fay : saxophone, flûte
Graham Vickery : harmonica

POCHETTE

Dave Larkham : maquette, illustration

NOTES

« Val-Hala » fut correctement titré « Valhalla » sur la réédition américaine de 1975. « Hay Chewed » fut, par erreur, titré « It's Hay-Chewed » sur la réédition CD de 1995.

*Abréviations des pays : AUS (Australie), CAN (Canada), FRA (France), GER (Allemagne), ITA (Italie), JPN (Japon), NLD (Pays-Bas), NOR (Norvège), SPA (Espagne), UK (Royaume-Uni), US (États-Unis).

James devint un adepte de son travail en tant que chanteur aussi bien qu'auteur. Il y eut même une session chez John Peel.

Steve Brown avait produit le single et on lui confia les manettes pour le premier album d'Elton John. Il fit rapidement enregistrer « It's Me That You Need » en guise de single suivant, avec un orchestre, et il sortit sous le propre label de Dick, DJM. Le budget était limité, les sessions pour l'album eurent lieu au cours des premiers mois de 1969 dans le studio à 8 pistes du rez-de-chaussée de DJM. *Empty Sky* dévoila ses nouveaux horizons le 6 juin au Royaume-Uni, mais ne sortit aux USA que six ans plus tard, époque à laquelle Elton était déjà un grand nom, ce qui lui permit d'y atteindre la 6e place. Depuis, il a confié à *Spectacle*: *« Je n'étais pas sûr du son que je voulais – peut-être celui de Leonard Cohen »*, mais l'album est bien plus rock et énergique que cette déclaration ne le suggère. Excité et excitant, le morceau-titre de 8 minutes qui l'ouvre a comme un goût de sixties où le rythme rencontre l'euphorie, peut-être comparable à la richesse vertigineuse de « Barabajagal » de Donovan ou à quelque chose de légèrement plus calme de The Who. « Val-Hala » est un indice précoce du talent de ses auteurs pour la mélancolie, les ambiances tempérées. Elton s'essaya au clavecin sur quelques morceaux, tandis que Caleb jouait les parties de guitare et que la section rythmique se composait de Tony Murray et Roger Pope. Nigel Olsson, qui faisait alors partie du Spencer Davis Group, prit la batterie sur « Lady What's Tomorrow? ». Son camarade bassiste de l'époque, Dee Murray, et lui allaient bientôt entrer dans la formation « classique » d'Elton John au début des années 1970. « Skyline Pigeon », sur laquelle Elton joue seul, est probablement la chanson la plus appréciée du public sur cet album et est devenue depuis un élément relativement fréquent des concerts. Le dernier morceau de l'album, « Gulliver/Hay Chewed/Reprise », est un étrange monstre de Frankenstein composé d'une chanson suivie de brefs extraits de tous les titres, ce qui avait sûrement l'air d'une idée folle et psychédélique à l'époque. Hé, on était encore dans les années 1960!

Avec le recul, Elton a qualifié cet album de naïf, mais pour ceux qui sont plus familiers avec son travail postérieur, plus fluide et lisse, il a une robustesse rafraîchissante, un son plus proche spirituellement de certains des groupes de rock de l'époque que de la douceur des auteurs-compositeurs-interprètes. Vocalement, il donne tout, devenant légèrement dingue à la fin de la mémorable chanson éponyme. Il garde de bons souvenirs des sessions d'enregistrement et a raconté être rentré à pied *« chez lui »* à 4 heures du matin, dans sa chambre sur Oxford Street, au siège de l'Armée du salut (dirigé, c'était bien pratique, par le père de Steve Brown). Quand ils l'achevèrent, il fut submergé par la sensation que le morceau-titre le fascinait. *« Je trouvais que c'était ce que j'avais entendu de mieux dans ma vie »*, dit-il dans le livret d'une réédition des années 1990. À propos de la sortie originale, le DJ de la BBC David Symonds écrivit: *« Elton John joue et séduit sur cet album, mais ne se borne pas aux meilleurs aspects de la vie. »* L'*Evening Standard* le qualifia de *« joliment enregistré, mais conventionnel »* et, tout en faisant l'éloge de la musique *« mélodieuse »*, prenait de haut les paroles de Bernie, les jugeant *« sciemment lettrées et "poétiques". »* Il admettait ensuite: *« Pour être sincère… il a du talent. »*

« Skyline Pigeon » avait déjà été interprétée par Roger Cook (sous le nom de Roger James Cooke) et allait aussi bientôt être reprise par Guy Darrell, son groupe Deep Feeling, Dana, Judith Durham (de The Seekers) et le grand Gene Pitney. Elton lui-même la réenregistra avec son groupe – et un arrangement de cordes signé Paul Buckmaster – trois ans plus tard, et cette version parut en face B de « Daniel ». L'idée communément admise est que *Empty Sky*, qui se vendit tout d'abord à moins de 4 000 copies, n'est pas sans charme, mais patauge à la recherche du style et de la voix propres à son chanteur. Il y a un fond de vérité dans cette réserve et, dans certains passages, il imite manifestement les Beatles ou Traffic, mais pour des oreilles de 2018, il dévoile un Elton doté d'un cran surprenant.

Il était, en général, très demandé désormais. Il acceptait des emplois rémunérés pour chanter des reprises de tubes, populaires à l'époque, pour la série d'albums bon marché de *Top of the Pops* – qui, malgré un contrôle de la marque par la BBC, n'étaient pas vraiment la propriété de l'émission de télévision[2]. Il perfectionna sa technique d'imitateur, s'attaquant à tout, de « In the Summertime » de Mungo Jerry à « Signed, Sealed, Delivered I'm Yours » de Stevie Wonder, de « Lady D'Arbanville » de Cat Stevens à « Saved by the Bell » de Robin Gibb – difficile, car très aiguë, admit-il. Il travailla également comme choriste et a déclaré figurer sur « Back Home », la chanson de l'équipe d'Angleterre pour la Coupe du Monde 1970, ainsi que sur « Daughter of Darkness » de Tom Jones. Il joua du piano sur le premier single de Roger « Supertramp » Hodgson (qui sortit sous le nom d'Argosy). Il arrondit ses fins de mois avec

À GAUCHE : Elton avec les membres de son groupe, Dee Murray (à gauche) et Nigel Olsson (au centre), 1969.

À DROITE : Avec Bernie Taupin, Londres, 1969.

> **Je trouvais que *[Empty Sky]* était ce que j'avais entendu de mieux dans ma vie.**
>
> ELTON JOHN

The Bread and Beer Band aux côtés de Caleb Quaye, Roger Pope et Bernie Calvert de The Hollies. Leur album éponyme, enregistré à Abbey Road, fut produit par le jeune Chris Thomas, qui tiendrait, bien plus tard, les commandes du propre travail d'Elton ; mais après le bide de leur single, cet album fut refusé.

Comme si ça ne suffisait pas (peut-être pour se sortir de la tête le faux départ de sa vie amoureuse), Elton travaillait parfois dans un magasin de disques de Soho. À Music Land, sur Berwick Street, il satisfaisait les clients tout en en profitant pour écouter ses artistes préférés comme Joni Mitchell, Jimi Hendrix, Bob Dylan et Blood, Sweat and Tears. Quand Bob Harris, pas encore connu sous le nom de « DJ Whispering Bob », mais alors rédacteur pour *Time Out,* vint à la boutique, Elton accepta de stocker des copies du magazine de Bob s'il faisait un article sur *Empty Sky.*

D'accord, il vivait peut-être toujours avec Sheila et « Derf » (et Bernie) et quelques poissons rouges, mais progressivement, les choses se mettaient en place. Three Dog Night l'appela – à Pinner – pour lui annoncer qu'ils enregistraient « Lady Samantha ». Le rocker en lui fut ravi. Il faut le souligner, en octobre, son carnet de bord mentionne qu'il a écrit « Your Song ». Au printemps de l'année suivante, quand l'album qui porte son nom sortit, *Melody Maker* écrivit : *« Serait-ce l'année d'Elton John ? »*

Et c'était le cas. Les années 1970 le façonnèrent et il fit partie de ceux qui façonnèrent les années 1970. Avec le recul, il semble étrange de penser qu'il commença cette décennie en dormant encore dans un lit superposé chez sa mère à Pinner, tout comme Bernie. Ils traînaient toujours tous les deux dans les bureaux de DJM, dans l'espoir d'une grande opportunité. Il y en eut de petites : Elton passa même deux fois dans *Top of the Pops,* à l'arrière-plan, comme choriste pour « United We Stand » de Brotherhood of Man et avec Pickettywitch. Il joua du piano sur scène avec Simon Dupree and the Big Sound (célèbres pour « Kites ») et DJM organisa quelques concerts à petite échelle en son propre nom. Cependant, quand ils donnèrent le feu vert pour les sessions d'un deuxième album, ils considéraient qu'il s'agissait de la dernière chance d'un artiste pour lequel ils avaient déjà dépensé plus d'argent dans l'espoir qu'il perce que ce qui était prévu.

Ils mirent toutes les chances de leur côté. Steve Brown persuada Dick James de financer des enregistrements aux Trident Studios à Soho. Il essaya même de faire venir à bord George Martin, le légendaire producteur des Beatles, mais celui-ci, ce que l'on peut comprendre vu son CV, voulait être en charge à la fois de la production et des arrangements. Brown avait déjà contracté Paul Buckmaster pour ces derniers. Les responsabilités furent donc finalement réparties entre Buckmaster et le producteur Gus Dudgeon. Ce dernier sortait des studios de Decca de West Hampstead et avait travaillé avec The Zombies, John Mayall, Ten Years After et Michael Chapman, apprenant ainsi à habiller à la fois l'énergie du rock et la subtilité des auteurs-compositeurs-interprètes. Avec Buckmaster, il avait donné du grain à « Space Oddity » de David Bowie et son travail avec le Bonzo Dog Doo-Dah Band était dans l'air du temps. Ce fut le début d'une relation fructueuse entre Elton et lui. Buckmaster – qui allait bientôt collaborer avec les Rolling Stones, Leonard Cohen et Miles Davis et dont la carrière, avant sa mort en 2017, comprit de fréquentes retrouvailles musicales avec Elton – visait toujours haut et réclama cette fois tout un orchestre symphonique.

Le premier mois gris et froid des années 1970 vit Elton changer le cours de sa vie et de sa carrière bien plus que les gens impliqués ne pouvaient le réaliser. Le budget fut rapidement dépassé et Dudgeon le fit augmenter en faisant écouter à Dick James les chansons à moitié finies. James en entendit assez pour doubler la mise. L'album prenait forme comme un projet éclectique, mais absolument captivant, depuis les flots d'images influencées par la poésie, les films et les livres de Bernie jusqu'à la façon charmante et de plus en plus fluide avec laquelle Elton mêlait ses goûts, du gospel au rock en passant par la soul, de la musique classique au music-hall. On fit venir de formidables choristes, comme Tony Burrows (connu pour Edison Lighthouse) et Madeline Bell (Blue Mink). Et cette fois, le son était à la hauteur du rêve : Buckmaster apporta de nombreuses dimensions supplémentaires et Dudgeon savait changer de vitesse en douceur d'une chanson à l'autre. Elton lui-même resplendissait de confiance en lui, comme s'il avait arrêté de s'inquiéter de son plan de carrière et appris à faire passer toutes ses angoisses et ses joies directement dans les chansons et sa voix. L'équipe de production fut à la fois soulagée et ravie quand James y entendit la même chose qu'eux et tout DJM fut traversé par un pic d'adrénaline. Dick commença à traiter Elton, auquel jusque-là il avait en réalité cédé, avec plus de courtoisie. Il resta, bien entendu, assez vif d'esprit pour s'attacher le chanteur par un nouveau contrat de cinq ans, qui exigeait un niveau de productivité qui semble stupéfiant comparé aux méthodes modernes – trois albums par an. Mais les intérêts et les royalties étaient corrects pour l'époque. La pochette de David Larkham présentait Elton dans une sorte d'ombre estompée et sépia qui

À Londres, 1970 : Cela allait-il être son année ?

ELTON JOHN

TRACKLIST

FACE A

1. Your Song
2. I Need You to Turn To
3. Take Me to the Pilot
4. No Shoe Strings on Louise
5. First Episode at Hienton

FACE B

6. Sixty Years On
7. Border Song
8. The Greatest Discovery
9. The Cage
10. The King Must Die

Enregistré aux Trident Studios, Londres (Angleterre)
Produit par Gus Dudgeon
Sortie 10 avril 1970
Label DJM Records, DJLPS 406
Meilleure place au hit-parade lors de sa sortie
UK 5, US 4, AUS 4, NLD 2, CAN 4, JPN 40

MUSICIENS

Elton John : piano, chant, clavecin (2)
Diana Lewis : synthétiseur Moog (5, 9)
Brian Dee : orgue (6, 7)
Frank Clark : guitare acoustique (1), contrebasse (10)
Colin Green : guitare supplémentaire (1, 7), guitare espagnole (6)
Clive Hicks : guitare douze-cordes (1), guitare rythmique (4), guitare (7, 8, 10), guitare acoustique (9)
Roland Harker : guitare (2)
Alan Parker : guitare rythmique (3)
Caleb Quaye : lead guitar (3, 4, 5), guitare supplémentaire (9)
Dave Richmond : basse (1, 7, 8)
Alan Weighall : basse (3, 4, 9)
Les Hurdle : basse (10)
Barry Morgan : batterie (1, 3, 4, 7, 9)
Terry Cox : batterie (8, 10)
Dennis Lopez : percussions (3, 4)
Tex Navarra : percussions (9)
Skaila Kanga : harpe (2, 8)
Paul Buckmaster : violoncelle (8), arrangements orchestraux et chef d'orchestre

POCHETTE

David Larkham : direction artistique
Stowell Stanford : photographie
Jim Goff : artwork

> « Un disque vraiment génial… chansons superbement écrites… production brillante. »

RICHARD WILLIAMS, *MELODY MAKER*

Elton, vêtu d'un cache-poussière de cuir, joue du piano, 1970.

suggérait un artiste – à lunettes, bien sûr – aussi intense que Caravage. Le groupe et l'équipe de production apparaissaient au dos comme une rangée hétéroclite de musiciens influencés par les États-Unis, Bernie portant un chapeau aux bords ridiculement larges qui trahissait son obsession pour le Far West, Elton (les cheveux plus longs) posant avec eux dans une longue écharpe de laine multicolore tout à fait dans le goût de l'époque. Le titre de l'album était tout simplement *Elton John,* comme si cela avait été son véritable premier disque.

Toutes les parties impliquées se disaient qu'il s'agissait d'un album fait par un auteur-compositeur-interprète sérieux, un penseur et ils ne se posèrent la question des singles qu'après-coup. Le premier à être édité, après une discussion démocratique, fut « Border Song », une ballade honorable avec des prétentions spirituelles, sortie le 20 mars. Signe de la nouvelle émulation autour du nom d'Elton, bien qu'elle ne soit pas entrée au classement, il fut invité à la jouer dans *Top of the Pops.* C'est ce qu'il fit, les cheveux plus courts, entouré par des danseuses, avec en bonus une rencontre avec Dusty Springfield dans les coulisses du Beeb (surnom des locaux de la BBC). Quand elle lui dit qu'elle aimait sa chanson, il déclara qu'elle venait de lui faire son année. Son année, cependant, venait à peine de décoller.

Dick James fit la promotion avec enthousiasme, organisant une soirée de lancement somptueuse le 26 mars au Revolution, qui était alors le club le plus branché de Londres. Et même si, par rapport aux extraordinaires ventes ultérieures d'Elton, l'album sembla juste s'en tirer correctement (classé en 11e position), il resta au hit-parade pendant la plus grande partie de l'été. Et ce classement vit passer de véritables poids lourds comme *Let It Be, Bridge Over Troubled Water* et *Led Zeppelin II* qui se battaient pour la première place.

Elton John dépassa le stade des 10 000 exemplaires vendus et lança incontestablement la carrière du chanteur. Il était connu. Les critiques furent très démonstratives. *« Un grand talent »*, déclara *New Musical Express*. Richard Williams de *Melody Maker* en parla comme d'*« un disque vraiment génial »*, saluant les *« chansons superbement écrites »* et la *« production brillante »*. L'interview de Williams qui s'ensuivit comprenait donc ce titre mémorable, cité plus haut : « Serait-ce l'Année d'Elton John ? »

Eh bien, ce serait peut-être le cas, à condition que quelqu'un remarque que l'ouverture de l'album pouvait devenir un single au succès considérable, bien qu'il ait été sensiblement minimisé. Pour l'instant, ils se dispersaient : « Rock and Roll Madonna », qui n'était pas tiré de l'album, sortit… à peine. L'album contenait des richesses inexploitées : la jolie ballade « I Need You to Turn To », le psaume bavard « First Episode at Hienton », la sombre et grandiose ouverture de « Sixty Years On » (avec une harpe très ornementale et les cordes baroques de Buckmaster), le bruissement nocturne de « The Cage » qui rappelait les Stones avec son refrain en *« ah ha woo hooo »*. Mais elles ne furent pas considérées comme des candidates au hit-parade. James poussa donc Elton à bombarder les spectateurs de dates de concert pour se créer un public. Ce n'était pas ce que voulait entendre le chanteur, qui traversait une de ces phases dans lesquelles sa confiance scénique était chancelante, mais il savait que la promotion était essentielle. Il se lança – fructueusement – à la tête d'un trio avec Dee Murray, ex-Mirage, à la basse et Nigel Olsson, ex-Plastic Penny, à la batterie. Les deux musiciens de la section rythmique étaient des gars aux cheveux longs et au look tranché qui ressemblaient beaucoup plus à l'image de la rock star classique des années 1970 qu'Elton. Ils s'entendirent immédiatement bien tous les trois, à la fois musicalement et personnellement. *« Dès qu'on s'est trouvés ensemble, tout s'est bien passé,* rapporta Murray. *C'était presque magique. »* Elton leur laissait de la liberté, affirma le bassiste, et il n'essayait jamais de les écraser. Le chanteur demanda aussi à Ray Williams, qui lui avait fait rencontrer Taupin, d'être son manager. Après de longues négociations avec Dick James, ils se mirent d'accord sur un arrangement : Williams le ferait au nom de DJM, en échange d'un salaire et d'une commission.

La tournée se déroula à un rythme effréné, la nouvelle sensation de la pop se retrouvant parfois obligée de jouer sur les pianos miteux des salles qui l'accueillaient. Cependant, comme on l'espérait, les difficultés et l'affection rencontrées sur la route ravivèrent sa confiance en lui. En Suède, il prit goût pour les chapeaux gigantesques et les casquettes de jockey, qui donnèrent du piquant à son allure. Et alors qu'il faisait la première partie de Tyrannosaurus Rex de Marc Bolan à la Roundhouse de Londres, il envoya accidentellement valser le tabouret de piano, provoquant un rugissement d'approbation. Il était assez futé pour adopter ce geste comme un élément régulier de son numéro par la suite. (Il allait bientôt apparaître aux côtés de son nouvel ami Bolan quand T. Rex joua « Get It On » dans *Top of the Pops* et, au moment où T. Rexstasy explosa, il apparut dans le film *Born to Boogie* qui suivit.) D'après le livre de Keith Hayward *Tin Pan Alley: The Rise of Elton John* (2013), le guitar hero Jeff Beck proposa même de partir en tournée avec le trio d'Elton – à condition

Dès qu'on s'est trouvés ensemble, tout s'est bien passé. C'était presque magique.

DEE MURRAY

À GAUCHE & CI-DESSOUS : Elton pendant une séance de pose, Londres, 1970.

THE KATY RAILROAD
I JUST LAID MY HONEY
Disneyland
ELTON JOHN
FLY UNITED
UP YOUR'S

que, s'étant déjà fait un nom en Amérique, il touche 90 % des gains. Naturellement, cela dégoûta Elton et fit déclarer à Dick James, agacé, que sa découverte gagnerait plus que Beck dans les six mois à venir.

Elton s'accrocha à l'idée que James n'était peut-être pas uniquement présomptueux. Il achetait des habits de plus en plus voyants dans la boutique Mr. Freedom sur Kensington Church Street. Et puis, vint l'Amérique où, en ce qui sembla être un clin d'œil, Elton John devint pour de bon une personnalité en vue.

Un bus rouge à impériale arborant une grande banderole *« Elton John est arrivé »* l'emmena avec le groupe de l'aéroport à son hôtel de Los Angeles. C'était une idée de Norm Winter, un publicitaire de L.A. dont le zèle excessif et la passion pour le battage médiatique commencèrent par taper sur les nerfs d'Elton et du groupe, en plein décalage horaire. (Avec le recul, il y a de fortes raisons de penser qu'il fit la renommée d'Elton.) La nervosité d'Elton refit surface et il menaça d'annuler les dates prévues au Troubadour. Le trac ne fit qu'empirer le soir de la première, quand le club s'emplit de grands

À GAUCHE : Affirmant son identité avec des vêtements encore plus voyants, Londres, 1970…

CI-DESSOUS, À GAUCHE : … et des lunettes plus originales, 1970.

CI-DESSOUS, À DROITE : Sur scène, Londres, 1971.

DOUBLE PAGE SUIVANTE : Elton, devant une boutique de Londres, 1971.

Réjouissez-vous
Il sera l'une
des plus grande
et des plus
importantes
stars du rock.

LOS ANGELES TIMES

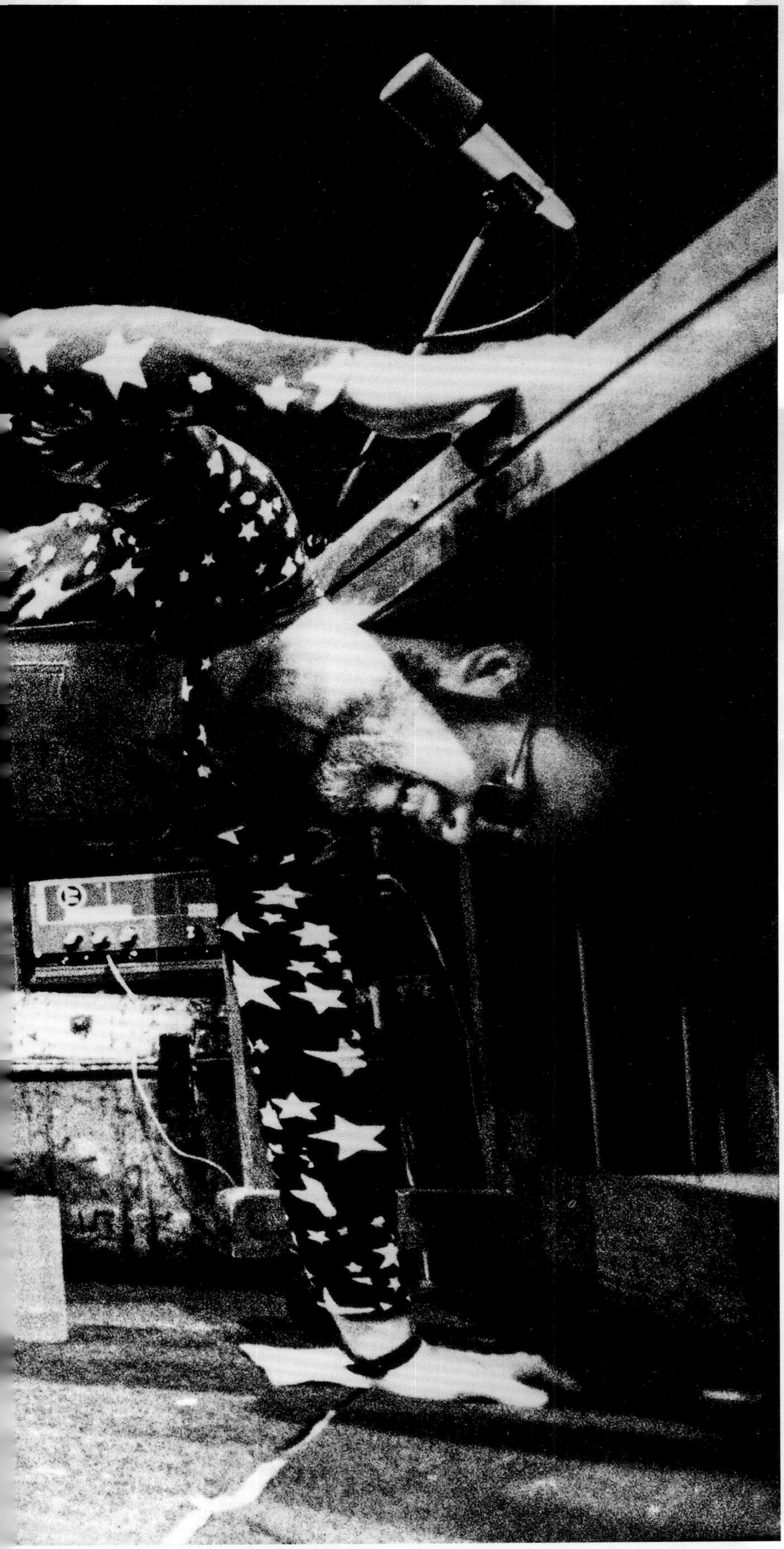

noms comme Quincy Jones, Elmer Bernstein, Henry Mancini, Neil Diamond, David Gates de Bread, Gordon Lightfoot et Mike Love des Beach Boys. Winter avait bien travaillé du côté des célébrités. Elton pensait à la proximité de ses héros et s'effondra presque d'angoisse. Toto, nous ne devons plus être à Pinner[3].

Cependant, bien entendu, il y alla et il joua, comme il l'avait toujours fait depuis son plus jeune âge. Et quand l'assistance commença à marmonner distraitement pendant une série de morceaux plus calmes, il se leva et envoya du blues à la Jerry Lee Lewis. Il y eut des hourras et des cris de joie, le public étant aussi surpris que l'était peut-être Elton lui-même. Ce fut un triomphe. Quincy Jones emmena sa famille en coulisse pour le rencontrer. Le deuxième soir, se pointa Leon Russell, un chanteur-pianiste qu'Elton adulait et avec lequel il développa une longue amitié musicale. Russell invita Elton et Bernie chez lui : leur premier véritable aperçu du mode de vie des rock stars. Ils rencontrèrent aussi Brian Wilson. Et puis, cerise sur le gâteau, ils lurent les critiques. La gloire qu'ils avaient si longtemps désirée était là tout à coup.

Et comment. Los Angeles avait décidé qu'Elton John, *« un Anglais de 23 ans »*, était ce que la Grande-Bretagne avait donné de plus grand depuis Winston Churchill. Des expressions telles que *« extraordinairement original »*, *« défie toute classification »* et *« magnifique en tous points »* furent employées. *« Réjouissez-vous !,* déclarait le *Los Angeles Times. Il sera l'une des plus grandes et des plus importantes stars du rock. »* En deux semaines, l'album s'était vendu à 30 000 exemplaires. L'Amérique l'aimait. La Grande-Bretagne l'avait forgé, mais l'Amérique le façonna. Une tournée complète fut rapidement mise sur pied et les stations de radio passaient ses chansons en boucle. L'auteur de chansons Roger Greenaway se souvient avoir entendu, alors qu'il était au volant dans L.A., un DJ de radio déclarer avant de passer l'un de ces morceaux : *« Le Nouveau Messie est arrivé. »*

Il était certainement grand temps qu'un single du Nouveau Messie rencontre le succès. « Take Me to the Pilot » était devenu l'une des favorites du public et « No Shoe Strings on Louise » était un amusant pastiche de Jagger. En octobre, la première sortit aux USA, mais les stations de radio préféraient passer sa face B, « Your Song », qui n'avait pas été remarquée auparavant. Three Dog Night avait déjà sorti ce titre sur un album, mais personne n'avait vraiment saisi son potentiel pour faire le lien. Il se retrouvait désormais dans le Top 10 aux États-Unis, au Royaume-Uni et dans une foule d'autres pays. Il avait quelque chose et Elton qui, de bourreau du travail était devenu une sensation sur scène presque du jour au lendemain, vivait une envolée similaire en ce qui concernait ses disques. L'album se classa aussi dans le Top 10 aux USA et au Royaume-Uni et, comme les enregistrements avaient été prolifiques, conformément aux plans de Dick James, un troisième album était fort heureusement prêt à sortir. *Tumbleweed Connection* vit le jour en octobre – le même mois, étonnamment que « Your Song ». Ainsi, alors qu'un album produisait enfin un tube, l'album suivant faisait son entrée en gare.

Elton joue au Troubadour de Doug Weston, Los Angeles (aujourd'hui West Hollywood), Californie, le 25 août 1970.

TUMBLEWEED CONNECTION

TRACKLIST

FACE A

1. Ballad of a Well-Known Gun
2. Come Down in Time
3. Country Comfort
4. Son of Your Father
5. My Father's Gun

FACE B

6. Where to Now St. Peter?
7. Love Song
8. Amoreena
9. Talking Old Soldiers
10. Burn Down the Mission

Enregistré aux Trident Studios, Londres (Angleterre)
Produit par Gus Dudgeon
Sortie 30 octobre 1970
Label DJM Records, DJLPS 410
Meilleure place au hit-parade lors de sa sortie UK 2, US 5, AUS 4, NLD 4, CAN 4, JPN 30, SPA 7

MUSICIENS CLÉS
Elton John : chant, piano (1, 3-6, 8, 9, 10), orgue Hammond (8), chœurs (10)
Paul Buckmaster : arrangements, chef d'orchestre, orchestration
Caleb Quaye : lead guitar (1, 4, 8), guitare acoustique (1, 3, 5), guitare électrique (5)
Mike Egan : guitare acoustique (10)
Herbie Flowers : basse (2, 3, 10)
Dave Glover : basse (1, 4, 5, 6)
Chris Laurence : basse (2, 10)
Barry Morgan : batterie (2, 3, 10)
Les Thatcher : guitare acoustique (2, 10), guitare acoustique douze-cordes (3)

POCHETTE
David Larkham : direction artistique, design, design de couverture, artwork, photographie
Barry Wentzell : photographie
Ian Digby-Ovens : photographie

Lumineuse et envoûtante... symptomatique d'une nouvelle ère pour les idoles de la pop.

NEW MUSICAL EXPRESS

« Your Song » s'était infiltrée dans l'esprit de Bernie Taupin au petit matin, un jour qu'il était assis sur le toit du 20 Denmark Street, qui accueillait la société d'édition où Elton avait travaillé comme commis de bureau plein d'espoir. Ses distiques innocemment romantiques ont un charme émerveillé auquel des millions de personnes se sont identifiées. Et le dispositif qui veut que le narrateur timide ait du mal à exprimer sa pensée était, accidentellement ou volontairement, un coup de maître. L'arrangement de cordes de Paul Buckmaster séduit et chasse tout scepticisme, tandis que les accords sans prétention d'Elton et la rythmique habile employée par Dudgeon soulignent le message avec précision. *« Lumineuse et envoûtante… symptomatique d'une nouvelle ère pour les idoles de la pop »*, écrivit le *New Musical Express* à sa sortie, tandis que *Rolling Stone*, non sans raison, la trouvait *« McCartney-ienne »*. John Lennon, dans une interview en 1975 pour *Rolling Stone*, fit cette célèbre déclaration: *« Je me rappelle avoir entendu "Your Song" en Amérique – c'était l'un des premiers gros succès d'Elton – et avoir pensé: "Super, c'est le premier truc nouveau qui arrive depuis notre arrivée à nous (les Beatles)." C'était un pas en avant. Il y avait quelque chose dans son chant qui était une amélioration de toutes les voix anglaises jusque-là. Ça me réjouissait. »* Il n'était pas le seul.

À propos des voix anglaises, toutefois, Lennon fermait peut-être les yeux sur l'énonciation et les phrasés très américains d'Elton. *Tumbleweed Connection* allait encore plus loin dans la fascination de l'équipe John-Taupin pour la culture américaine. De façon cohérente, il était de nouveau produit par Dudgeon, Buckmaster lui appliquant sa magie, mais il jouait néanmoins avec le feu en se présentant comme un album-concept sans complexes, dans lequel Taupin assouvissait son obsession pour les cow-boys et les pistoleros. Certains pensaient que c'était l'époque qui voulait ça; d'autres suggéraient qu'il était trop tôt dans leur carrière pour demander au public d'écouter un « concept ». Et cette photo sépia typique de l'imagerie américaine d'une gare fatiguée du Far West qui figurait sur la pochette? Horsted Keynes, dans le Sussex, à une cinquantaine de kilomètres au sud de Londres.

La star des concerts devient star des disques, 1971.

17-11-70 (titre US : 11-17-70)

TRACKLIST

FACE A

1. Take Me to the Pilot
2. Honky Tonk Women
3. Sixty Years On
4. Can I Put You On

FACE B

5. Bad Side of the Moon
6. Burn Down the Mission
7. My Baby Left Me
8. Get Back

Enregistré aux studios de A&R Recording, New York (États-Unis), pour une émission de radio en direct sur WABC-FM (par la suite WPLJ)
Produit par Gus Dudgeon
Sortie 9 avril 1971
Label DJM Records, DJLPS 414
Meilleure place au hit-parade lors de sa sortie UK 20, US 11, CAN 10

MUSICIENS
Elton John : piano, chant
Dee Murray : basse, chœurs
Nigel Olsson : batterie, chœurs

POCHETTE
David Larkham

À DROITE, EN HAUT : La pochette de la bande originale de *Friends*, le contrat de laquelle fut signé avant la gloire, 1970.

À DROITE, EN BAS : En studio, 1971.

Ils élaborèrent de nouveau l'album aux Trident Studios, en enregistrant la plus grande partie en mars, avant le début du délire de L.A. Montrant à quel point le nom d'Elton John devenait tendance, il se classa n° 2 au Royaume-Uni et n° 5 aux États-Unis et fut disque d'or dans l'année. « Your Song » ayant brisé la malédiction des singles, on s'attendait à ce qu'il s'empare du statut de superstar, mais ne livrant aucun single à succès, il laissa plutôt les choses dans l'expectative. Teinté de country, Taupin faisant de nombreuses références à des cow-boys et à des armes, il donne l'impression que le duo s'accroche à sa crédibilité rock. John chante avec un accent ricain caractéristique – appliquant peut-être la méthode de l'Actors Studio aux paroles, ou soignant ses nouveaux fans américains – et l'influence de *Music from Big Pink* de The Band est perceptible du début à la fin. Il évoque Little Feat avant même que Little Feat ne soit vraiment au sommet. La première chanson de l'album, « Ballad of a Well-Known Gun », fait figure de déclaration d'intention ; c'est un country-rock au tempo moyen sur lequel Caleb Quaye fournit des *fills* de guitare de bon ton et avec une certaine Dusty Springfield, l'héroïne d'Elton, aux chœurs. Des thèmes reviennent au fil des morceaux : les pistoleros, une Amérique mythique, des réflexions sur la jeunesse et le fait de vieillir dans des saloons et des trous paumés. « My Father's Gun » et « Talking Old Soldiers » s'efforcent d'entrer dans l'esprit de John Wayne mal en point. Cependant, les meilleures chansons sont celles qui transcendent les obsessions de Taupin ou s'en éloignent. « Come Down in Time » est une ballade de toute beauté ; c'est à ce jour, malgré une reprise délicate de Sting, l'une des chansons les plus sous-estimées de John. « Where to Now St. Peter? » a aussi une puissance émotionnelle, Dudgeon lui donnant le temps de flotter librement et le chanteur livrant un falsetto plaintif. « Amoreena » – utilisée sur la première séquence du film de Sidney Lumet *Un après-midi de chien*[4] – est emplie de drame, tandis que « Love Song » est l'une des rares reprises par Elton d'une chanson de quelqu'un d'autre (son amie Lesley Duncan). L'apogée de l'album, « Burn Down the Mission » devint rapidement le clou du spectacle sur scène et permet ici un finale de premier plan, plein de grandiloquence et d'enthousiasme contagieux. (Dans une version de « Madman Across the Water », mise de côté bien que figurant sur certaines rééditions, Mick Ronson, l'homme de Bowie, fait pleurer sa guitare.) Relativement délaissé selon les critères d'Elton – pour autant qu'on puisse considérer comme délaissé un album vendu à plus d'un million d'exemplaires –, *Tumbleweed Connection* est un travail plein de passion habilement réalisé.

Il n'est cependant, heureusement, pas aussi délaissé que les deux albums officiels suivants d'Elton. *Friends* (prévu par contrat avant que la célébrité n'advienne, sorti fin 1970) était un une bande-originale mêlant chansons et morceaux instrumentaux, partition d'une romance adolescente grivoise anglo-française de Lewis Gilbert qui fut nominée aux Golden Globe et même aux Grammy Awards pour la contribution d'Elton. La chanson-titre entra dans le Top 40 aux États-Unis. La suivant de près, *17-11-70* était un album live énergique enregistré lors d'une émission de radio new-yorkaise. Vous pouvez probablement deviner quand. À l'origine, il vit le jour en tant que pirate sur la côte est, son succès forçant la main aux labels (DJM au Royaume-Uni, UNI aux USA), qui avaient envisagé d'en sortir plus tard une version révisée. Avec tous ces albums d'Elton qui inondaient le marché, cette proposition faite dans la précipitation s'en ressentit commercialement, même si elle contenait des versions enflammées de « Honky Tonk Women » des Stones et de « Get Back » des Beatles. Malgré cela, Elton a insinué plus d'une fois que c'était son meilleur enregistrement live, chantant les louanges de la session rythmique (Murray et Olsson). Il trouvait qu'il correspondait avec justesse aux rockers qu'étaient les membres de son groupe sur scène, par rapport aux lignes délicates de « Your Song ». En 2017, une version complète, plus longue, du set sortit pour le Record Store Day[5], avec la bénédiction de John.

Ce fut néanmoins l'album studio suivant qui, tout en ramant en Grande-Bretagne, fit vibrer de nouvelles cordes sensibles en Amérique et sur lequel se trouvait une chanson culte, longue au démarrage, qui ne révélerait vraiment sa popularité latente qu'au tournant du siècle. « Tiny Dancer » est peut-être le succès en sommeil par excellence.

1. Littéralement, « le foin mâché ». Le son de ces mots en anglais est très proche de celui de « Hey Jude ».
2. En fait, il n'y a aucun lien, même le nom de l'émission n'avait pas été déposé.
3. Encore une référence au *Magicien d'Oz* : *« Toto, j'ai l'impression que nous ne sommes plus au Kansas »*, dit Dorothée à son petit chien.
4. *Dog Day Afternoon*, sorti en 1976, avec Al Pacino dans le rôle principal.
5. Journée de promotion des disquaires indépendants.

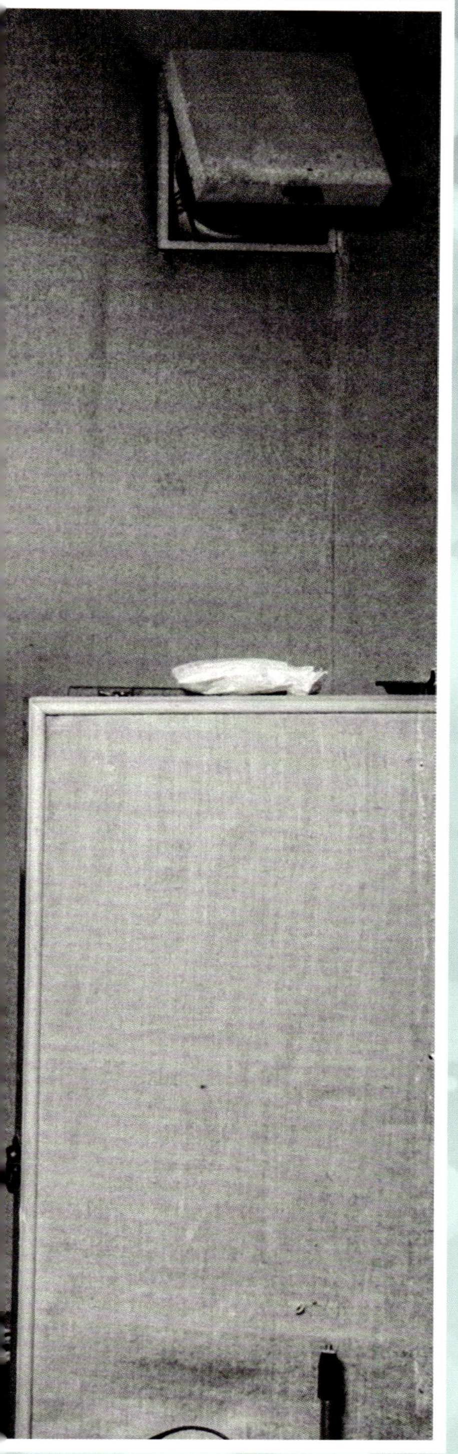

4

I'M GONNA BE A TEENAGE IDOL[1]

Un divertissement captivant et un joli pas en avant dans la deuxième phase de la carrière d'Elton John... L'essence de sa personnalité a toujours été une exubérance innocente.

STEPHEN HOLDEN, *ROLLING STONE*

« Je me sens plus américain que britannique, en réalité », déclara Elton en 1970 ; et effectivement, il avait brisé les règles du jeu supposées en devenant une star aux États-Unis avant de percer dans sa natale Albion. La période durant laquelle Ray Williams était son manager avait pris fin, suite à des désaccords avec Dick James et à un refroidissement de sa relation avec Elton. L'homme qui l'avait vraiment découvert déclara : *« Je voyais de quel genre de manager il avait besoin et ce n'était pas quelqu'un comme moi... Il était vif, plein d'esprit et drôle ; et les gens le laissaient faire tout ce qu'il voulait. Je lui tenais tête. Et ça ne passait pas très bien. »* Elton, pendant ce temps, fit quelque chose qu'il aurait aimé faire plus tôt : il acheta son propre appartement. *« Ils veulent que je vive en ville, à présent »*, expliqua le Nouveau Messie aux reporters lors du lancement de *Tumbleweed Connection*, comme si, à 23 ans, il était parti de chez sa mère contraint et forcé.

Il se rapprocha donc du centre, depuis le Nord-Ouest de Londres, achetant une propriété dans un complexe moderne haut de gamme récemment construit, juste à côté de Edgware Road. Il prit aussi un nouveau colocataire, un Glasgovien de 21 ans, John Reid. Reid s'était bâti une carrière foudroyante chez EMI : à l'âge de 19 ans, il avait été manager du label pour la branche britannique de la Tamla Motown et « romantiquement » impliqué avec la star de *Carry On* Barbara Windsor, de douze ans son aînée. *« Il voulait tout et on voyait bien qu'il avait le culot nécessaire pour l'obtenir »*, relata-t-elle dans ses mémoires. Quand Reid vit Elton jouer pour la première fois, il fut stupéfait. Ils se rencontrèrent tous deux à San Francisco au moment précis où les critiques US chantaient les louanges du chanteur et Elton partagea son allégresse avec le Britannique le plus proche. Rapidement, ils nouèrent des liens plus profonds et se mirent en couple, à la fois personnellement et professionnellement. Dick James voyait en Reid la personne parfaite pour « gérer » la nouvelle star et Elton, de son côté, éclaira ses proches sur sa sexualité. Sa mère et son beau-père, les premières personnes à qui il se confia, firent montre de leur soutien habituel. Il a expliqué qu'ils avaient toujours attaché de l'importance à l'honnêteté et qu'ils furent compréhensifs et *« sensationnels »*. *« J'ai eu beaucoup de chance à ce propos. Je suis dans un secteur où il n'est pas inhabituel que les gens soient gays, ou autre. »* Il était soulagé et Bernie était content que son partenaire de travail soit engagé dans une relation sérieuse. Pour reprendre les mots de Dick James : *« S'il vit avec son manager, au moins, il aura quelqu'un pour le réveiller le matin. »*

Cependant, la ténacité et le tempérament de Reid dans sa défense zélée d'Elton convenaient parfois mal aux autres. Certains le décrivirent comme dur et impitoyable. Sa propre carrière allait devenir légendaire.

Bernie aussi avait connu des changements. Il était tombé amoureux de Maxine Feibelman et ils se marièrent à Market Rasen en mars 1971.

DOUBLE PAGE PRÉCÉDENTE : Elton John en équilibre sur les mains sur son piano, Londres, 1972.
CI-DESSUS : Elton s'appuie sur Bernie, à la plage, Californie, 1972.

Maxine allait bientôt être immortalisée dans les paroles de « Tiny Dancer », sous les traits de la couturière *(« seamstress »)*. Le père de Maxine, importateur de champagne, anima la réception de mariage en fournissant des quantités illimitées de ce breuvage. Les jeunes mariés achetèrent un cottage à Tealby.

1971 était la première année que John et Taupin commençaient en tant que stars reconnues ; pourtant, leur conscience professionnelle ne fit que se renforcer. Elton était sans cesse en tournée, en particulier en Amérique, mais il parvint tout de même à trouver un moment ou deux de libres pour produire l'une des faces du dernier album de son vieux copain John Baldry, *It Ain't Easy*, Rod Stewart produisant l'autre. Bernie se lança également dans des productions annexes, prenant la barre sur *American Gothic* de David Ackles, toujours considéré par certains comme un classique mal reconnu. Poussé par DJM, il fit aussi son propre premier album, même si celui-ci n'alla pas bien loin et que même Taupin sembla rapidement vouloir qu'il soit oublié.

Y contribua le guitariste Davey Johnstone, qui venait transformer le trio d'Elton en quartette et allait, avec le temps, devenir le musicien qui resta le plus longtemps à ses côtés. Le talent de l'Écossais avait été remarqué par Gus Dudgeon, qui le fit venir aux Trident Studios début 1971 pour jouer sur l'album suivant d'Elton. À ce stade-là, Dudgeon soutenait que la formation live n'était pas idéale pour enregistrer et préférait réunir sa propre sélection de musicos de qualité. Parmi eux, on trouvait des noms comme le pianiste Rick Wakeman, le bassiste Herbie Flowers et le guitariste Chris Spedding, ainsi que le percussionniste Ray Cooper. Cooper jouerait par la suite d'autres rôles dans l'histoire d'Elton. Elton lui-même s'en tint uniquement au piano (et à la voix) ici. L'ingénieur du son était un certain Ken Scott qui, à cette époque, s'établissait discrètement en tant que producteur de David Bowie sur *Hunky Dory* et *Ziggy Stardust*. Scott n'était pas le seul à admirer les orchestrations de Paul Buckmaster.

Madman Across the Water sortit le 5 novembre et – manquant de nouveau d'un single à succès évident et sautant du blues à la country et au rock symphonique – produisit une plus grande impression aux USA qu'au Royaume-Uni. En réalité, il resta à l'écart du Top 40 en Grande-Bretagne, mais fut n° 8 en Amérique, devenant rapidement disque d'or, et y demeura assez longtemps pour être la 10e meilleure vente de 1972. « Levon » en fut le premier single, « Tiny Dancer » le second. Nouvelle version d'une chanson précédemment enregistrée pendant les sessions pour *Tumbleweed Connection* à laquelle Mick Ronson avait participé, le morceau-titre était devenu moins féroce, avec les cordes de Buckmaster au premier plan. (Il y eut de nombreuses rumeurs selon lesquelles le personnage évoqué dans le titre[2] était le président Richard Nixon, mais Taupin ne les confirma jamais.) Dudgeon insinua que « Levon » s'inspirait du chanteur-batteur de The Band, Levon Helm, un héros du duo d'auteurs, mais de nouveau, Taupin refusa d'appuyer cette déclaration. Jon Bon Jovi la reprit plus tard et déclara que c'était sa chanson préférée de tous les temps. « Indian Sunset » connut une seconde vie en étant samplée par Eminem pour le succès de rap posthume de Tupac Shakur, « Ghetto Gospel », en 2005. Elton, de son côté, a révélé qu'à ce stade, il devait encore corriger régulièrement les formules parfois abstraites de Taupin et que son collègue était encore en train d'apprendre l'art de la chanson, les structures couplets-refrain, etc. Il ne fait aucun doute aujourd'hui que tous deux mirent dans le mille sur ce qui est devenu un album de grand renom traversant les générations. « Tiny Dancer », avec B. J. Cole à la *pedal steel,* reste à ce jour l'une des chansons les plus appréciées d'Elton.

Taupin essaya de capturer l'atmosphère et l'empreinte de la vie en Californie, essentiellement sur les routes. Avec un intérêt certain pour les femmes, il mêle l'innocence crédule du garçon de ferme avec la joie de vivre d'un jeune homme qui commence à voir ses rêves les plus fous se réaliser. Trop longue pour un single, elle n'eut pas beaucoup d'impact à sa naissance. Pourtant, presque trente ans plus tard, en 2000, sa place de choix dans le film de Cameron Crowe *Presque célèbre (Almost Famous),* une lettre d'amour idéalisée à la scène rock du début des années 1970, projeta dessus une série de pas de danse entièrement nouveaux. À l'aube du XXIe siècle, c'était comme si tout le monde, pas simplement Kate Hudson et Billy Crudup, prétendait en avoir toujours connu les paroles par cœur.

Madman Across the Water, que Kate Bush a déclaré être l'un de ses disques préférés – « *J'avais un peu le béguin pour Elton John… avant qu'il ne devienne vraiment célèbre.* » –, mettait l'accent sur les thèmes transatlantiques d'Elton et Bernie (musicalement et dans les paroles) et le public américain s'en délecta. Il resta cependant un motif de frustration, car il échoua à se faire une véritable place en Grande-Bretagne. Heureusement, le single suivant allait atteindre des sommets. À ce moment-là, Reg Dwight appartenait

Arborant un pull musical, 1972.

MADMAN ACROSS THE WATER

TRACKLIST

FACE A

1. Tiny Dancer
2. Levon
3. Razor Face
4. Madman Across the Water

FACE B

5. Indian Sunset
6. Holiday Inn
7. Rotten Peaches
8. All the Nasties
9. Goodbye

Enregistré aux Trident Studios, Londres (Angleterre)
Produit par Gus Dudgeon
Sortie 5 novembre 1971
Label DJM Records, DJLPH 420
Meilleure place au hit-parade lors de sa sortie
UK 41, US 8, CAN 9, AUS 8, ITA 14, JPN 13, SPA 11

> 'Tiny Dancer' a la mélodie délicate, le chant virtuose et l'arrangement novateur qui sont la marque d'Elton John depuis 'Your Song'.
>
> *ROLLING STONE*

MUSICIENS

Elton John : piano, chant
Brian Dee : harmonium (2)
Rick Wakeman : orgue Hammond (3, 4, 7)
Jack Emblow : accordéon (3)
Diana Lewis : synthétiseur ARP (4, 7)
Caleb Quaye : guitare électrique (1, 2, 3), guitare acoustique (6)
B. J. Cole : guitare *steel* (1)
Davey Johnstone : guitare acoustique (1, 4, 7), mandoline (6), sitar (6)
Chris Spedding : guitare électrique (4), guitare *slide* (7)
David Glover : basse (1, 3, 6)
Brian Odgers : basse (2)
Herbie Flowers : basse (4, 5, 7)
Chris Laurence : contrebasse (5)
Dee Murray : basse (8)
Roger Pope : batterie (1, 3, 6)
Barry Morgan : batterie (2)
Terry Cox : batterie (4, 5, 7)
Nigel Olsson : batterie (8)
Ray Cooper : percussions (4), tambourin (7, 8)
Paul Buckmaster : arrangements orchestraux et chef d'orchestre (1, 2, 4, 5, 6, 8, 9)
David Katz : *orchestra contractor*
Lesley Duncan, Sue & Sunny, Barry St. John, Liza Strike, Roger Cook, Tony Burrows, Terry Steele, Dee Murray, Nigel Olsson : chœurs (1, 6, 7)
Cantores em Ecclesia Choir : chœurs (5, 8)
Robert Kirby : chef de chœur

POCHETTE

David Larkham : direction artistique, design, illustrations, photographie, photographie de couverture
Bob Gruen : photographie

au passé et Elton avait un nouveau nom. Ou plutôt, il avait officiellement et légalement pris le nom de Elton Hercules John.

Pour autant qu'il les ait désirés, des tubes et le succès au Royaume-Uni n'étaient évidemment pas essentiels. Avec John Reid, il avait jeté de l'argent par les fenêtres – ce qui allait devenir une habitude – et emménagé début 1972 dans une nouvelle maison agréable de la banlieue cossue de Virginia Water, à proximité de Londres, dans le Surrey. Ils avaient un vaste parc et une piscine. Une salle de jeux. Une Rolls-Royce. Des disques d'or dans les toilettes. Ils traînaient avec leurs amis stars de cinéma. C'était une véritable demeure de rock star. Et moins de deux ans auparavant, Bernie et lui pieutaient dans la maisonnette de la mère d'Elton. Il avait désormais acheté à Sheila une maison à Ickenham et une belle voiture.

Elton avait décidé de donner à sa propre maison le nom d'Hercules. Il aimait tellement celui-ci qu'en janvier 1972, il le prit lui-même. Elton Hercules John ne supportait pas que les gens l'appellent Reg : même quand d'autres rock stars le faisaient par accident, l'ayant toujours connu sous ce nom, il s'énervait. Dans un monde de la pop qui avait troqué le noir et blanc pour les couleurs vives du glamour, les noms qui claquaient faisaient fureur. Ziggy et Alvin Stardust. Alice Cooper. Gary Glitter. Barry Blue. Rien n'était trop tape-à-l'œil, théâtral ou décalé. Et si la planète avait décidé que Reg était une superstar, alors il fallait qu'il s'en tienne à un nom qui convenait. L'ironie voulait que, tandis que d'autres habitués de *Top of the Pops* faisaient semblant d'être gays, Elton (en dehors de son cercle amical et familial) fît semblant d'être hétérosexuel. Il se plaignait aussi de son étiquette de compositeur-interprète, affirmant que la musique pop devait être *« du divertissement »* et non pas *« une forme d'art »*. Il insistait sur le fait qu'il voulait dorénavant que sa musique soit considérée comme une fanfare, pas comme quelque chose que les gens prenaient trop au sérieux. Ainsi, l'album suivant fut présenté par Bernie comme *« funky »*, avec moins de cordes somptueuses. Ça allait, ajoutait-il, *« choquer quelques personnes »*. Ils prétendaient revenir à leurs racines. En réalité, cela aurait impliqué un pub à Pinner, mais l'équipe décida cette fois de ne pas retourner aux Trident Studios et enregistra au château d'Hérouville, dans la campagne française, à une trentaine de kilomètres au nord de Paris. David Bowie, Iggy Pop et T. Rex furent aussi de ceux qui contribuèrent à faire de ce lieu une légende de la décennie la plus audacieuse de la musique.

À 21 ans, le guitariste écossais Davey Johnstone était désormais membre du groupe et semblait lui porter bonheur. Tous les gens concernés voulaient faire un disque qui ressemblerait plus à ce que ferait un groupe en tournée qu'à une vitrine pour musiciens. Ils voulaient un son plus léger et plus désinvolte que sur les précédents et plus résolument pop. Loin de sa zone de confort de l'ancien studio, la troupe vécut au château (surnommé le Strawberry Studio) pendant le temps de l'enregistrement. Ils formaient une équipe soudée. Elton bricolait des mélodies sur les paroles de Bernie dans la matinée et le

> **J'avais un peu le béguin pour Elton John… avant qu'il ne devienne vraiment célèbre.**
>
> KATE BUSH

groupe les enregistrait le jour même. Ken Scott, qui n'était pas homme à enjoliver les anecdotes, se souvient avoir vu Elton écrire « Rocket Man » en quelques minutes pendant le petit déjeuner, coupant et modifiant les paroles de Bernie à sa convenance. Ce dernier l'acceptait parfaitement. Le résultat final fut un album, *Honky Château,* qui parvint à être à la fois un premier pas dans un nouveau domaine – révélant un aspect plus accessible, plus intentionnellement pop d'Elton John – et une manœuvre commerciale. Il fut n° 1 aux États-Unis et n° 2 au Royaume-Uni. Ils ne perdirent pas leurs premiers fans. Ils en gagnèrent simplement de nouveaux.

Elton le décrivit comme un album très important à faire, considérant que c'était une avancée cruciale dans le voyage tant

À GAUCHE : Dans sa nouvelle maison (on ne voit pas le grand parc et la piscine), 1972.

À DROITE : Passant dans *Sounds for Saturday* sur la BBC, décembre 1971.

HONKY CHÂTEAU

TRACKLIST

FACE A

1. Honky Cat
2. Mellow
3. I Think I'm Going to Kill Myself
4. Susie (Dramas)
5. Rocket Man (I Think It's Going to Be a Long, Long Time)

FACE B

6. Salvation
7. Slave
8. Amy
9. Mona Lisas and Mad Hatters
10. Hercules

Enregistré au château d'Hérouville, Hérouville (France) ; mixé aux Trident Studios, Londres (Angleterre)
Produit par Gus Dudgeon
Sortie 19 mai 1972
Label DJM Records, DJLPH 423
Meilleure place au hit-parade lors de sa sortie
UK 2, US 1, CAN 3, AUS 4, NLD 9, ITA 5, JPN 21, SPA 1, GER 43, NOR 8

MUSICIENS

Elton John : chant, piano (2-6 and 8-10), Fender Rhodes (1), orgue Hammond (2, 4), harmonium (6)
Davey Johnstone : guitare (2-10), banjo (1, 7), guitare *steel* (7) mandoline (9), chœurs (3, 5, 6, 8, 10)
Dee Murray : basse, chœurs (3, 5, 6, 8, 10)
Nigel Olsson : batterie (1-8 et 10), congas (7), tambourin, chœurs (3, 5, 6, 8, 10)
Ivan Jullien : trompette (1)
Jacques Bolognesi : trombone (1)
Jean-Louis Chautemps, Alain Hatot : saxophone (1)
Jean-Luc Ponty : violon électrique (2, 8)
« Legs » Larry Smith : claquettes (3)
David Hentschel : Synthétiseur ARP (5, 10)
Ray Cooper : congas (8)
Gus Dudgeon : sifflet, chœurs (10)
Madeline Bell, Liza Strike, Larry Steel, Tony Hazzard : chœurs (6)

POCHETTE

Ed Caraeff

> **Un album très important pour nous. On avait réussi, mais on avait encore ce dernier pas à franchir, faire un album remarquable.**
>
> ELTON JOHN

Sujet de l'émission documentaire de ITV, *Aquarius*, 1972.

désiré du succès à la grandeur artistique. Il voulait franchir ce pas. Alors que la contribution hypnotique de Paul Buckmaster aux œuvres précédentes aurait pu manquer à certains, l'album donna des tubes et un deuxième chez-soi au groupe. Le château – ils l'aimaient tellement qu'ils adaptèrent son nom pour le titre – allait de nouveau accueillir l'ensemble pour les deux albums suivants.

Honky Château se distingue comme l'un des florilèges les plus éclectiques et solides d'Elton. Sa légende est assurée par la présence de « Rocket Man », mais on y voit la star trouver l'équilibre, parfait pour lui, entre le pop rock théâtral et le déluge de ballades qui servirait si bien la suite de sa carrière – cette périlleuse marche sur une corde raide entre la sincérité et la légèreté. D'une certaine manière, « Rocket Man » apprivoisait les deux catégories. Étrange classique moderne, avec une dette évidente envers « Space Oddity » de Bowie (produit par Dudgeon), sa force mélodique et son atmosphère de tristesse sont indéniables. Les paroles vinrent à Bernie pendant qu'il se rendait en voiture chez sa mère. Pourtant, comme dans « Your Song », sa fragilité humaine parlait aux auditeurs. « Honky Cat » était un boogie désinvolte au piano dans le style de Dr. John, tandis que des teintes plus profondes, plus sombres, ressortaient à mesure que Bernie devenait sérieux. « I Think I'm Going to Kill Myself » était une satire sur le mal de vivre des adolescents, mais abordait quelques points sensibles au passage. « Susie (Dramas) » était une chanson de plus sur l'amour ; elle livrait un combat courageux sous la gaieté de sa musique. « Salvation » était un léger retour au gospel blanc auquel ils s'étaient déjà essayés auparavant, abordant la religion et dans « Slave », Taupin revisitait ses obsessions pour l'Amérique. Sur « Amy », on peut une fois de plus entendre l'influence de Jagger dans la voix d'Elton.

Autrement, c'était sur la mémorable « Mona Lisas and Mad Hatters » que le talent des deux auteurs s'accordait le mieux. Elle aurait pu paraître larmoyante et liturgique, mais au lieu de cela, elle résonne. Cette mélancolie est néanmoins brisée par « Hercules » (de nouveau ce nom) et son doo-wop. En ce qui concerne l'ascension d'Elton vers les premiers rangs, *Honky Château* est la cerise sur le gâteau. Et « Rocket Man » est resté tellement longtemps d'actualité que, des dizaines d'années plus tard, en 2019, le film biographique sur Elton

CI-CONTRE : La princesse Margaret et lord Snowdon rencontrent Elton John dans les coulisses pendant un concert de bienfaisance, Shaw Theatre, Londres, le 27 février 1972.

CI-DESSOUS : Sur scène avec son chapeau sur le piano, 1972.

À DROITE : Elton John joue du piano tout en s'agitant sur scène, 1972.

CI-CONTRE : Elton et Marc Bolan de T. Rex dans *Top of the Pops* sur la BBC, Londres, décembre 1971.

À DROITE : Elton, Marc Bolan et Ringo Starr font la promotion du film *Born to Boogie* en 1972.

John reprend son titre. Des histoires variées suggèrent que Bernie tira son inspiration de la nouvelle de Ray Bradbury « The Rocket Man » ou de son observation d'une étoile filante. Kate Bush reprit la chanson en 1991, affirmant que c'était comme « réaliser un rêve ».

Une autre superstar, Marc Bolan, avait invité Elton à participer en mars 1972 à son film *Born to Boogie*. Avec T. Rextasy et la Bolanmania à leur apogée, c'était une connexion plus qu'utile qui conférait à Elton de la crédibilité et du charisme par association. Il décrivit Marc comme à la fois un ami cher et une rock star hors du commun venue d'une autre planète. Elton s'était produit avec T. Rex dans un épisode de *Top of the Pops* de Noël 1971, jouant du piano sur « Get It On » (c'était Rick Wakeman qui jouait sur le single, bien qu'il ait lui-même admis qu'il en avait très peu fait et que Marc et le producteur Tony Visconti l'aidaient juste gentiment à payer son loyer de la semaine avec ses honoraires). Dans ce film inégal, mais divertissant, réalisé par Ringo Starr, Elton contribua à « Children of the Revolution » et « Tutti Frutti » de Little Richard. Marc et lui allaient se lancer dans une rivalité amicale au cours des deux ou trois années à venir, plaisantant sur lequel était la plus grande star. Ils s'envoyaient l'un l'autre des silhouettes promotionnelles de carton grandeur nature d'eux-mêmes, souvent en guise de cadeau d'anniversaire, mais avec un véritable esprit de compétition sous-jacent. Au début, c'était Bolan qui faisait le plus sensation, mais il ne parvint jamais vraiment à percer sur le marché américain, tandis qu'Elton allait exploser là-bas. La manière dont les choses tournèrent a pu être difficile à avaler pour Marc.

Le programme des enregistrements incessants d'Elton se poursuivit à un rythme qui semble fou du point de vue des règles actuelles de parution et de marketing. Les quatre membres du groupe, profitant de leur alchimie personnelle et musicale, étaient de retour au château en juin 1972 pour le 6e album studio, qui arriva dans les boutiques de disques en janvier 1973. *Don't Shoot Me I'm Only the Piano Player* devint l'album le plus vendu en Grande-Bretagne cette année-là, raflant cet honneur à des disques comme *Aladdin Sane* et *The Dark Side of the Moon*. Son palmarès est indiscutable : n° 1 aux États-Unis (aujourd'hui triple disque de platine), premier n° 1 d'Elton au Royaume-Uni, plus « Crocodile Rock » lui livrant son premier single en tête de classement aux USA.

PROFESSIONAL

> # La voix d'Elton est exceptionnellement tendre et expressive.
>
> STEPHEN HOLDEN, *ROLLING STONE*

« Daniel » s'y classa en 2e position. En Grande-Bretagne, ils se glissèrent tous les deux dans le Top 5. Le pianiste tentait sa chance[4]. Ce titre érudit surgit au cours d'une soirée qu'Elton, désormais une célébrité très en vue, passa dehors avec Groucho Marx en personne. Après des heures passées par Groucho à se payer sa tête comme lui seul savait le faire, lançant malicieusement que John Elton avait mis son nom à l'envers, Elton laissa échapper la formule. C'était sans doute un mélange comique involontaire du titre du film de Truffaut *Tirez sur le pianiste* (1960) et de la citation (possiblement fausse) d'Oscar Wilde : *« Ne tirez pas sur le pianiste – il fait de son mieux. »*

Les années passées par Elton à travailler dans un pub l'aidaient à présent à tenir son emploi du temps surchargé. « Crocodile Rock » était un hommage aux disques de rock'n'roll des années 1950 qu'il avait adorés en grandissant et sa voix tentait d'imiter celle de Bobby Vee, tirant haut dans les aigus. Elle avait aussi une dette envers le succès assez conséquent du groupe australien Daddy Cool « Eagle Rock » et le tube de Pat Boone « Speedy Gonzales », du compositeur Buddy Kaye. *« Bien sûr que c'est un plagiat »*, expliqua Elton lui-même dans le livret d'une réédition de l'album en 1995. *« C'est une dérive[5] dans tous les sens du terme. »* « High Flying Bird » aspirait à ressembler à du Van Morrison – et donna son nom à une ballade ultérieure de Noel Gallagher –, tandis que « Midnight Creeper » rappelait les Rolling Stones. Cependant, John donne l'impression de serpenter avec joie entre les voix et les styles. Il était désormais heureux et à l'aise avec le groupe et avec sa réussite. Dudgeon fit venir une section de cuivres sur l'entraînante « Elderberry Wine », tandis que Paul Buckmaster revint pour enjoliver « Blues for My Baby and Me » et « Have Mercy on the Criminal » de ses caractéristiques cordes charismatiques. « I'm Gonna Be a Teenage Idol » était un clin d'œil à l'ami d'Elton Marc Bolan, la superstar née pour le boogie la plus brillante de l'année. De l'album dans son entier (emballé avec goût dans une pochette qui faisait référence à l'attrait et au mystère de Hollywood), Stephen Holden de *Rolling Stone* affirma que c'était *« un divertissement captivant et un joli pas en avant dans la deuxième phase de la carrière d'Elton John… L'essence de sa personnalité a toujours été une exubérance innocente »*. Le critique notait aussi les paroles *« souvent incompréhensibles »* de

Sur le tournage de *Born to Boogie*, 1972.

Signant des albums pour ses fans, Londres, 1973.

Bernie et craignait que de temps à autre, avec la *« production excessivement éloquente »* de Dudgeon, cela n'empêche l'artiste de toucher un plus large public. Eh bien, ce n'était plus un problème. Le public aurait difficilement pu être plus large. Se montrant peu élogieux, bien que non sans raison, le magazine concluait qu'Elton était l'actuel champion poids plume du rock'n'roll.

Pour ceux qui réclamaient plus de sérieux et de noblesse, « Daniel » était peut-être son meilleur murmure mélodique. Tenu à l'écart de la première place aux USA (où MCA Records avait englouti UNI et était donc devenu le label d'Elton) par « My Love » de Paul McCartney et Wings, il remporta le prix Ivor Novello en 1973 pour ses auteurs. La source d'origine de Taupin était un article de journal sur un vétéran blessé du Vietnam. Des années plus tard, il estima que c'était sa chanson la plus *« mal interprétée »*. Elle n'avait rien à voir avec son véritable frère, bien qu'il ait suggéré que le narrateur pouvait être le frère de Daniel. Elle n'était pas non plus conçue comme un hymne gay ou un chant à la gloire des plaisirs de l'Espagne. *« L'histoire parlait d'un type qui revenait dans une petite ville du Texas, de retour de la guerre du Vietnam. Ils chantaient ses louanges, le traitaient en héros. Mais il voulait juste rentrer chez lui, retourner à la ferme et essayer de retrouver la vie qu'il menait avant. Je voulais écrire quelque chose en empathie avec les gens qui sont revenus. »* Comme cette critique prévenante de *Rolling Stone* le formula, elle comportait aussi des sons de clavier novateurs et était *« le passage de l'album le plus émouvant. Bijou de virtuosité technique, on y entend Elton à la fois au piano électrique et à la "flûte" au mellotron et Ken Scott au synthétiseur, faisant ensemble l'utilisation la plus habile des nouveaux instruments électroniques que j'aie entendue. La voix d'Elton est exceptionnellement tendre et expressive »*.

Il poursuivit sa route. L'album suivant (un double) – ces gars n'étaient pas à court d'idées ni d'énergie, leur production virant à la frénésie – en est venu à être généralement considéré (à mon avis, à

DON'T SHOOT ME I'M ONLY THE PIANO PLAYER

TRACKLIST

FACE A

1. Daniel
2. Teacher I Need You
3. Elderberry Wine
4. Blues for My Baby and Me
5. Midnight Creeper

FACE B

6. Have Mercy on the Criminal
7. I'm Gonna Be a Teenage Idol
8. Texan Love Song
9. Crocodile Rock
10. High Flying Bird

Enregistré au château d'Hérouville, Hérouville (France) ;
mixé aux Trident Studios, Londres (Angleterre)
Produit par Gus Dudgeon
Sortie 26 janvier 1973
Label DJM Records, DJLPH 427
Meilleure place au hit-parade lors de sa sortie UK 1, US 1, CAN 1,
AUS 1, NLD 2, ITA 1, JPN 4, SPA 1, GER 16, NOR 1

MUSICIENS

Elton John : chant, piano (2-4, 6, 7, 9, 10), Fender Rhodes (1, 5), piano Leslie (7), Farfisa, orgue Hammond (track 9), harmonium (8), mellotron (1, 2)
Davey Johnstone : guitare acoustique, guitare électrique, guitare Leslie ; banjo (1), sitar (4), mandoline (8), chœurs (2, 7, 10)
Dee Murray : basse, chœurs (2, 7, 10)
Nigel Olsson : batterie, maracas (1), chœurs (2, 7, 10)
Ken Scott : synthétiseur ARP (1)
Gus Dudgeon : arrangements de cuivres (3, 5, 7)
Paul Buckmaster : arrangement orchestral (4, 6)
Jacques Bolognesi : trombone (3, 5, 7)
Ivan Jullien : trompette (3, 5, 7)
Jean-Louis Chautemps, Alain Hatot : saxophone (3, 5, 7)

POCHETTE

David Larkham et Michael Ross : direction artistique et maquette
Ed Caraeff : photographie de couverture

> Bijou de virtuosité technique… faisant ensemble l'utilisation la plus habile des nouveaux instruments électroniques que j'aie entendue.

STEPHEN HOLDEN, *ROLLING STONE*, À PROPOS DE « DANIEL »

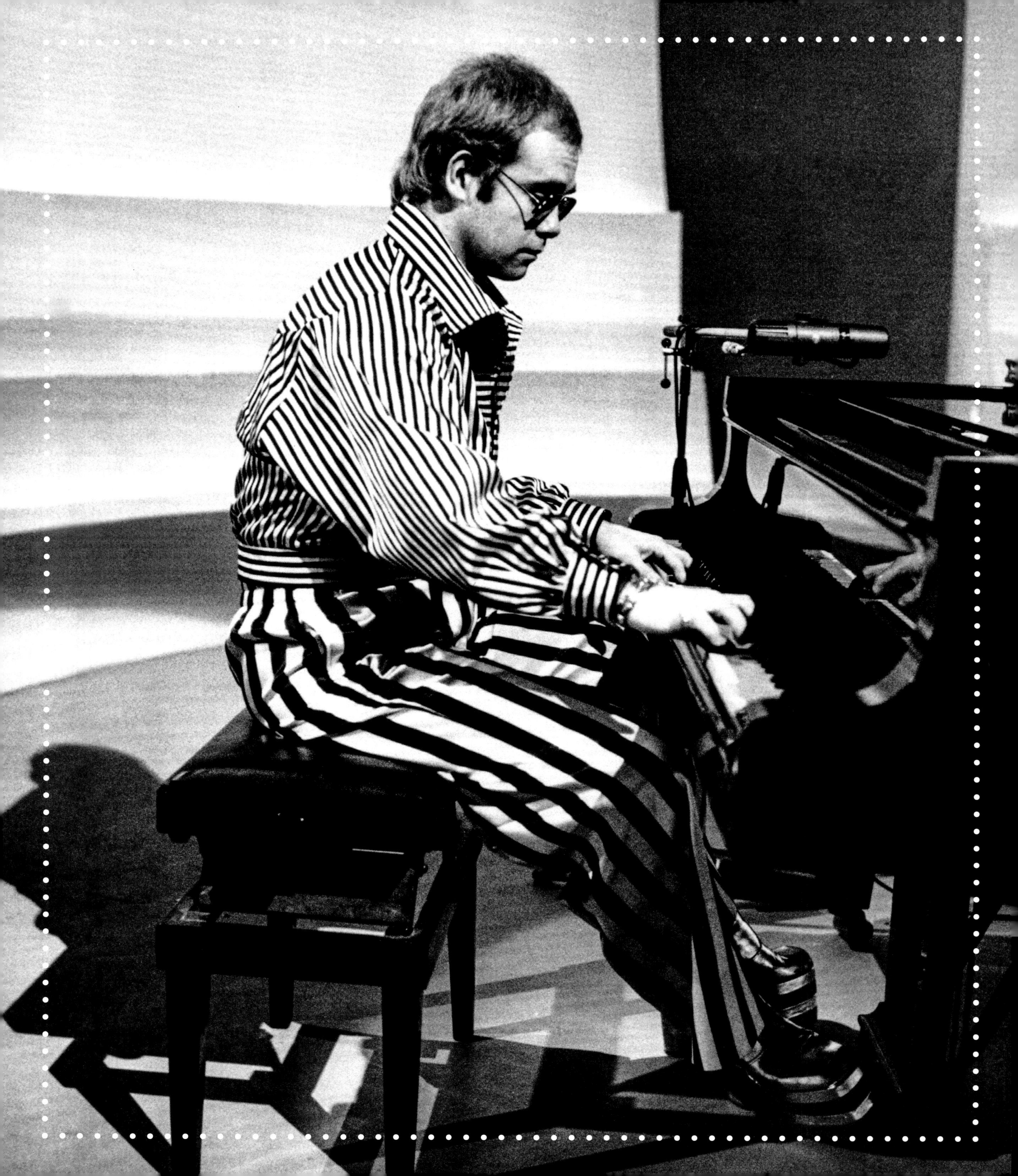

tort) comme le meilleur d'Elton et, avec plus de 30 millions d'exemplaires vendus, c'est celui qui se vendit le mieux. Il n'était pas prévu que *Goodbye Yellow Brick Road* soit un double album ; le château bombarda simplement les garçons d'inspiration. Accidentellement ou à dessein, il en découla ce qui, pour la plupart des gens, est l'œuvre ultime d'Elton John.

Bernie écrivit la totalité des paroles en à peine plus de deux semaines et Elton bricola la musique en trois jours pendant qu'il logeait au Pink Flamingo Hotel à Kingston, Jamaïque. L'idée de départ était d'enregistrer l'album en Jamaïque, suivant l'exemple fixé par les Rolling Stones avec *Goat's Head Soup.* Ils y commencèrent le travail préliminaire, mais des troubles locaux vinrent compliquer les choses. Il y avait des problèmes techniques avec le studio et le piano qui était sur place ne plaisait pas à Elton. Pour couronner le tout, le récent combat de boxe entre les poids lourds Joe Frazier et George Foreman provoqua des émeutes à Kingston et la région connaissait des tensions politiques permanentes, alimentées par la situation économique. Bernie raconta plus tard (dans le livret du coffret *To Be Continued*) : *« Si je me rappelle bien, le studio était entouré par des barbelés et des types avec des mitrailleuses. »* La troupe se retira donc de nouveau au Château d'Hérouville, où ils mirent au point cette pléthore de chansons en une quinzaine de jours, dix-sept (si l'on compte l'ouverture opulente qui enchaîne sur la suite) des vingt-deux enregistrées étant retenues pour l'album. Le titre de travail fut d'abord « Vodka and Tonics », puis « Silent Movies, Talking Pictures » avant que tout ne devienne jaune[6]. Gus Dudgeon affirma qu'il ne fut jamais pensé comme un double album, mais John et Taupin étaient à leur apogée prolifique. Bernie joua avec une imagerie qui faisait référence au cinéma et au vieil Hollywood, cherchant à rendre un sentiment de nostalgie pour l'enfance, son idéalisme de jeunesse et les choses perdues.

Pas du genre à manquer d'orgueil, Elton décrivit pompeusement *Goodbye Yellow Brick Road* comme son *Album blanc.* Et il est vrai qu'il le propulsa à un niveau de popularité semblable à celui des Beatles, surtout aux États-Unis. En fait, c'est une œuvre maîtresse inégale, qui aurait sans doute été plus compacte en album simple. Elle nous montre une star en pleine effervescence créative. Pourtant, avec la distance donnée par le recul, aujourd'hui, les passages

À GAUCHE : À Rome, 1973.

CI-DESSOUS : Sur scène, Hammersmith Odeon, Londres, 1973.

GOODBYE YELLOW BRICK ROAD

TRACKLIST

FACE A

1. Funeral for a Friend/Love Lies Bleeding
2. Candle in the Wind
3. Bennie and the Jets

FACE B

4. Goodbye Yellow Brick Road
5. This Song Has No Title
6. Grey Seal
7. Jamaica Jerk-Off
8. I've Seen That Movie Too

FACE C

9. Sweet Painted Lady
10. The Ballad of Danny Bailey (1909-34)
11. Dirty Little Girl
12. All the Girls Love Alice

FACE D

13. Your Sister Can't Twist (But She Can Rock'n'Roll)
14. Saturday Night's Alright for Fighting
15. Roy Rogers
16. Social Disease
17. Harmony

Enregistré au château d'Hérouville, Hérouville (France) ; remixé et réenregistré (overdub) aux Trident Studios, Londres (Angleterre)
Produit par Gus Dudgeon
Sortie 5 octobre 1973
Label DJM Records, DJLPD 1001
Meilleure place au hit-parade lors de sa sortie UK 1, US 1, CAN 1, AUS 1, ITA 5, JPN 22, SPA 8, GER 41, NOR 5

MUSICIENS

Elton John : chant, piano (1-6, 8-10, 12-17), Fender Rhodes (5, 6), orgue Hammond (3, 7), Farfisa (5, 13), mellotron (5, 6, 11), piano Leslie (11), piano bastringue (non crédité) sur « Social Disease »
Dee Murray : basse
Davey Johnstone : guitare acoustique, guitare électrique, Leslie, guitare *slide,* guitare *steel,* banjo
Nigel Olsson : batterie, congas, tambourin
Dee Murray, Davey Johnstone, Nigel Olsson : chœurs (1, 2, 4, 10, 13, 17)
Del Newman : arrangement orchestral (4, 8–10, 15, 17)
Leroy Gómez : saxophone solo (16)
David Hentschel : synthétiseur ARP (1, 12)
Kiki Dee : chœurs sur « All the Girls Love Alice »
Ray Cooper : tambourin sur « All the Girls Love Alice »

POCHETTE

David Larkham et Michael Ross : direction artistique et maquette

> **La première fois que j'enregistrais debout, chantant et sautant dans le studio, me lâchant complètement.**
>
> ELTON JOHN

célèbres sonnent bien tandis que les nombreux bouche-trous – et il y en a plus qu'on ne l'admet généralement – sont faibles, trahissant l'urgence dans le travail. Plein de confiance en lui quel que soit le lieu, la Jamaïque ou la France, Elton réussit à concocter un mélange de rock, de pop, de glam – le genre du moment, ou celui d'un proche passé, même si l'on peut estimer qu'il était déjà sur la fin –, de music-hall et de reggae.

Les accords wagnériens du morceau instrumental « Funeral for a Friend » introduisent la rengaine entraînante de « Love Lies Bleeding », dans laquelle les guitares de Johnstone, désormais élément clé du son du groupe, donnent de la puissance à une chanson qui fait écho aux fanfaronnades glam incarnées sans peine par des artistes tels que Bolan et Bowie. Une irrésistible série de standards à la renommée aujourd'hui mondiale suit, avec « Candle in the Wind » – qui était alors dédiée à Marilyn Monroe et serait, bien sûr, plus tard réactualisée en hommage à la princesse Diana –, le swing à l'éclat soul de « Bennie and the Jets » (peut-être une vague attaque au fantastique de Ziggy and the Spiders) et le plaintif morceau-titre dans lequel Bernie, qui aurait dû écouter son vieux père, chante de façon autobiographique les vertus des rats des champs par rapport aux rats des villes.

Après « This Song Has No Title », riche mélodiquement, le résultat est plus inégal. C'est un double album construit à la verticale. « Jamaica Jerk-Off » et « Dirty Little Girl » ne figureront dans aucune compilation « Best of ». « Grey Seal » était le remake fonctionnel d'une face B plus ancienne. La face C se secouait un peu avec « The Ballad of Danny Bailey », valable. Il y a un léger mouvement vers le haut dans le dernier quart de l'album. « Saturday Night's Alright for Fighting », qui transcende son aspect glam influencé par The Who et « Harmony », est une conclusion habile. Il sortit en single, mais ses prédécesseurs (comme l'album) restèrent tellement longtemps dans les charts que le lot suivant était déjà en route avant qu'il ait eu sa chance.

Sorti le 5 octobre 1973 dans une pochette de Ian Beck aujourd'hui iconique montrant Elton dans une veste de satin chaussé de bottes compensées entrant dans une affiche représentant cette route de briques jaunes pareille à celle d'Oz, l'album fut disque d'or dans le mois. Ce fut la plus grosse vente de l'année aux États-Unis et ses quatre singles principaux ont marqué l'époque. « Saturday Night's Alright for Fighting » débarqua le premier, sa pochette figurant Elton buvant à grands traits une bouteille d'alcool. Bien qu'il soit exagéré de penser à lui comme à un bagarreur, Bernie avait construit l'histoire de cette chanson au *riff* entraînant à partir de souvenirs de soirées agitées de son adolescence au pub Aston Arms de Market Rasen. Le son corrosif de la guitare de Johnstone la rend convaincante. *« La première fois que j'enregistrais debout, chantant et sautant dans le studio, me lâchant complètement »*, raconta Elton.

En revanche, la chanson-titre de l'album, qui suivit, était légère comme une brise, son charme soft rock agréablement séduisant. Puisant dans *Le Magicien d'Oz*[7] – le tout premier film qu'ait vu Bernie – et les épreuves de Dorothée et compagnie, elle atteste que revenir à une vie plus simple, plus calme est la route à suivre. Aussi sympa que puisse souvent être le voyage, on n'est jamais aussi bien que chez soi[8]. Après un détour par les clochettes enjouées de la sortie saisonale

Image tirée de l'émission de télévision *Elton John and Bernie Taupin Say Goodbye to Norma Jean and Other Things*, 1973.

« Step into Christmas », qui a connu une longue carrière, même si elle ne cassa pas vraiment les briques des cheminées la première année, le single suivant fut « Candle in the Wind », qui réaffirma la gravité d'Elton – du moins au Royaume-Uni ; aux USA, c'est « Bennie and the Jets » qui fut choisie. Plus tard, dans un documentaire d'Eagle Vision sur l'album, Taupin dit que la chanson commémorait la regrettée « Norma Jean » – il reconnut être un dingue de Marilyn –, tout en méditant sur *« l'idée de la gloire, de la jeunesse ou de quelqu'un interrompu dans la fleur de l'âge. Elle aurait pu parler de James Dean ou Montgomery Clift. Elle aurait pu être sur Jim Morrison. Comment on embellit la mort, comment on immortalise les gens »*. En 1997, elle allait changer d'adresse et devenir un hymne populaire.

Elton ne voulait pas que « Bennie and the Jets » sorte en single, mais cela lui permit d'atteindre une nouvelle fois la première place en Amérique, elle s'infiltra même dans le classement Soul de *Billboard* et, à sa grande joie, lui permit de faire une apparition dans *Soul Train* en 1975. L'utilisation par Dudgeon d'une piste comprenant plusieurs couches « d'applaudissements live » (dont certains étaient tirés de l'album live de Jimi Hendrix *Isle of Wight*) avec de la reverb n'était pas loin d'être visionnaire.

Et tandis que les applaudissements bombardaient Elton de tous côtés, sa carrière était tout ce dont il avait rêvé durant les années difficiles de sa jeunesse. C'était l'une des plus grandes stars au monde. Quand atterrirait-il ?

---

1. « Je serai une idole des jeunes ». Titre de l'une des chansons d'Elton John.
2. Le titre de l'album signifie « Le fou de l'autre côté de l'eau ».
3. En français, « L'Homme de l'espace » ou « L'Homme-fusée ».
4. Jeu de mots de l'auteur sur le titre et l'expression anglaise *to take a shot at* (tenter le coup, tirer sur).
5. En anglais, *derivative* a le double sens de « dérivé » et « peu original ».
6. De nouveau, une référence au *Magicien d'Oz*. Le titre de l'album signifie « Au revoir, route de briques jaunes ».
7. *The Wizard of Oz*, 1939.
8. Encore une réplique du *Magicien d'Oz* : *« There's no place like home. »*

CI-DESSOUS : Elton John tient la plaque commémorant son entrée au Madison Square Garden Hall of Fame à New York, octobre 1973. John, qui battit le record du Garden du nombre de spectateurs pour un concert et enregistra un disque d'or là-bas, rejoignait les rangs de P. T. Barnum, Gene Autry et Willis Reed dans le Hall of Fame.

À DROITE : Dans une tenue de scène extravagante garnie de plumes avec des lunettes couvertes d'incrustations de strass, 1973.

5

ENTRE SUCCÈS ET EXCÈS

Sans doute mon meilleur album, parce qu'il n'était pas commercial du tout. Il y avait des chansons comme 'Someone Saved My Life Tonight', qui est l'une des meilleures chansons que Bernie et moi ayons jamais écrites ensemble, mais il est douteux qu'une chanson *[de 6 minutes]* comme celle-là puisse sortir en single aujourd'hui. *[Cet album]* a été écrit dans l'ordre du début à la fin, comme une sorte d'histoire sur le fait d'accepter l'échec – ou d'essayer désespérément de l'éviter. On a vécu cette histoire.

ELTON JOHN

Comme souvent, les soucis les attendaient au prochain tournant. Profitant de ce que tout allait bien, Elton lança son propre label, Rocket. Un soir qu'il buvait du vin rouge avec Davey Johnstone tard au château d'Hérouville, il décida que c'était une idée merveilleuse. Annoncé en septembre 1972, Rocket était la propriété de John Reid, Bernie Taupin, Gus Dudgeon et Steve Brown, et avait pour objectif d'aider les nouveaux talents. Ou, comme Elton le dit à *Disc*: *« Ce qu'on propose, c'est de l'amour et de la dévotion individuels, des super royalties pour l'artiste et une société qui se bouge le cul. »* Le label avait ses bureaux sur Wardour Street et était dirigé par Brown, tandis que Reid était aux commandes de sa propre firme, John Reid Enterprises, à Mayfair. Parmi les artistes soutenus par Rocket, on trouvait le groupe de folk progressif Stackridge – qui engendra plus tard The Korgis –, Dave Stewart (Eurythmic du futur), Colin Blunstone, Neil Sedaka (pas vraiment un nouveau talent) et la première à apporter du succès au label, Kiki Dee. Née sous le nom de Pauline Matthews, Kiki avait été, très jeune, la première Britannique signée par la Motown. La qualité de sa voix était incontestable. Quand elle alla rencontrer Elton chez lui pour la première fois, Neil Young était de passage et Kiki se fit remarquer en lâchant (accidentellement) des verres à vin qui s'écrasèrent au sol. Ce fut suffisant pour pousser Elton à produire son album *Loving and Free*. L'émouvante et intime « Amoureuse » (coécrite par Gary Osborne qui, des années plus tard, deviendrait le partenaire d'écriture d'Elton) entra dans le hit-parade après un lent démarrage pour donner à Kiki son premier succès et faire sauter les bouchons de champagne chez Rocket.

La fête de lancement officiel du label, en avril 1973, délaissa le glamour de Londres et les invités furent acheminés en train jusqu'à une petite ville des Cotswolds. Les excentricités d'Elton formaient désormais une part essentielle de son personnage et ses costumes scéniques étaient de plus en plus extravagants. Il avait les cheveux orange vif un jour, turquoise le lendemain. Sa fortune était faite et il était assez riche pour acheter de coûteuses œuvres d'art de Rembrandt et Francis Bacon. Il était au mieux de sa forme, à ce point idéal où sa créativité correspondait parfaitement à l'arène commerciale. *« Je pouvais péter et atteindre la première place »*, a-t-il dit, démystifiant beaucoup les choses. Alors que *Goodbye Yellow Brick Road* avait élu domicile à la tête des classements dans le monde entier, il était toujours assez exubérant pour monter des canulars loufoques. Iggy Pop, mieux que quiconque, se rappelle qu'un soir, sur scène pendant une tournée des Stooges, il jeta un coup d'œil sur sa gauche – il avait la gueule de bois – et vit un grand type dans un costume de gorille qui s'approchait de lui d'un pas lent. C'était Elton, qui enleva la tête de gorille, prit Iggy dans ses bras et se mit à danser comme un fou. Iggy a rapporté que ça l'avait agacé à l'époque et qu'Elton avait eu de la chance que personne du groupe, en particulier son chanteur, ne l'assomme avant de savoir qui c'était.

Le manège de ces journées de carnaval ne pouvait pas durer toujours. Le succès engendra l'excès, comme si souvent dans les années 1970 et cette première bulle de la vie rêvée d'Elton commença à dégonfler sous la pression continuelle. Les chiffres n'en reflétaient pas le moindre signe : en surface, tout allait bien. Il signa un énorme contrat (8 millions de dollars) avec MCA en 1974 et, en novembre, ils sortirent un best of, *Greatest Hits*. Malgré le fait que les morceaux en soient déjà connus, ce fut l'album qui se vendit le mieux en Amérique en 1975 et le premier d'Elton à y passer la barre des 10 millions de ventes. Il s'est aujourd'hui vendu à plus de 24 millions d'exemplaires. Et plus tôt cette année-là, l'album qui suivit *Goodbye Yellow Brick Road* s'était, presque naturellement, vu propulsé n° 1 à la fois aux USA et au Royaume-Uni, livrant deux des succès les plus emblématiques d'Elton et remportant une nomination aux Grammy Awards. Pourtant, ce fut sans doute le premier petit ver dans ce fruit trop beau pour être vrai.

Caribou, sorti en juin 1974, tirait son titre du Caribou Ranch, dans le Colorado, où eut lieu une partie de l'enregistrement en janvier, bien que d'autres sessions se soient déroulées à Santa Monica et, de

DOUBLE PAGE PRÉCÉDENTE : Elton joue en plein air à Watford, Angleterre, mai 1974.

CI-DESSUS : Chez lui à Wentworth, Angleterre, pendant une séance de pose pour la pochette de *Greatest Hits*, 1974.

retour aux Trident Studios, à Londres. Elton et le producteur Gus Dudgeon ont tous les deux admis qu'il avait été fait à une vitesse ridicule, étant donné les engagements de tournée, etc. Le chanteur se souvient qu'il y avait *« une pression énorme »*, avec une tournée au Japon à l'horizon. Et sur l'étrange morceau « Solar Prestige a Gammon », Bernie, encouragé par Elton, avait délibérément écrit une litanie de non-sens juste pour se payer la tête des fans trop sérieux et des analystes de chansons. Dudgeon alla plus loin, jusqu'à affirmer avec candeur – comme le rapporte Elizabeth Rosenthal dans son livre *His Song: The Musical Journey of Elton John* (2001) – que *Caribou* est *« un album de merde. Le son est horrible, les chansons sont pourries, la pochette est ratée, les paroles ne sont pas très bonnes, le chant est un peu à côté, les instruments ne sont pas terribles et la production est franchement nulle »*. En dehors de ça, on peut penser qu'il trouvait le reste acceptable. Malgré toute cette autocritique, *Caribou* donna deux des bijoux de la couronne d'Elton John. « Don't Let the Sun Go Down on Me » avec son orchestration fluide et ses chœurs de Bruce Johnston, Carl Wilson et Toni Tenille des Beach Boys est un plaidoyer grand comme un océan contre le rejet affectif qui souligne le côté sérieux de la musique d'Elton et est devenu l'une de ses ballades les plus appréciées. Alors qu'il se classa n° 2 aux États-Unis au début, le modeste sommet de 16e qu'il atteignit au Royaume-Uni fut balayé en 1991 par un duo live entre Elton et George Michael – ils l'interprétèrent d'abord ensemble au Live Aid en 1985 – qui le bombarda à la première place dans les deux pays, lui donnant une seconde vie.

« The Bitch Is Back » est aussi devenue une phrase signifiante dans la carrière d'Elton. Ce titre rock sans concession, rythmé par le *riff* de guitare de Johnstone, parodie le style de vie excessif de la star dans les paroles, bien que Taupin ait admis que la formule était de sa femme Maxine qui la lâchait quand Elton était de mauvaise humeur[1]. Une certaine Dusty Springfield livra les chœurs. De façon amusante, le mot *bitch* était considéré comme trop scabreux pour passer à la radio dans certains endroits des États-Unis. Elton a toujours aimé jouer cette chanson sur scène, souvent pour ouvrir ses concerts sur une bouffée d'énergie. Parmi ceux qui la reprirent, on compte Tina Turner et Miley Cyrus.

De Dusty à Bolan en passant par l'actrice britannique Nanette Newman, Elton se faisait une habitude de s'entourer d'autres pop stars et célébrités, une manie qu'il a entretenue avec ferveur jusqu'à

En Californie pendant sa tournée des États-Unis en 1974.

> **Non seulement *[cette chanson]* est l'une des dernières de Taupin, mais la voix d'Elton… transmet avec brio le désespoir et l'urgence des paroles.**

ROBERT HILBURN, *LOS ANGELES TIMES*,
À PROPOS DE « DON'T LET THE SUN GO DOWN ON ME »

CARIBOU

TRACKLIST
FACE A
1. The Bitch Is Back
2. Pinky
3. Grimsby
4. Dixie Lily
5. Solar Prestige a Gammon
6. You're So Static

FACE B
7. I've Seen the Saucers
8. Stinker
9. Don't Let the Sun Go Down on Me
10. Ticking

Enregistré au Caribou Ranch, Nederland, Colorado (États-Unis) ; Brother Studios, Santa Monica, Californie (États-Unis) ; Trident Studios, Londres (Angleterre)
Produit par Gus Dudgeon
Sortie 28 juin 1974
Label DJM Records, DJLPH 439
Meilleure place au hit-parade lors de sa sortie
UK 1, US 1, CAN 1, AUS 1, ITA 8, JPN 2, SPA 4, GER 3, NOR 6

MUSICIENS
Elton John : chant, piano, orgue Hammond (9)
Davey Johnstone : guitare acoustique, guitare électrique, mandoline, chœurs
Dee Murray : basse, chœurs
Nigel Olsson : batterie, chœurs
Ray Cooper : tambourin, congas, sifflet, vibraphone, Caisse claire, castagnettes, carillon, maracas
Bruce Johnston : chœurs (9)
Carl Wilson : chœurs (9)
Clydie King, Sherlie Matthews, Jessie Mae Smith, Dusty Springfield, Toni Tennille, Billy Hinsche : chœurs additionnels
Tower of Power : section des cuivres (1, 6, 8, 9)
David Hentschel : ARP, synthétiseur (2, 5, 10) ; mellotron (9)
Lenny Pickett : saxophone ténor (1), saxophone soprano (4, 5) ; clarinette (5)
Chester D. Thompson : orgue Hammond (8)

POCHETTE
David Larkham et Michael Ross: direction artistique et maquette

DOUBLE PAGE PRÉCÉDENTE : Après un concert, Londres, 1974.

À GAUCHE : Elton John fête le lancement de sa tournée *Elton John 1974*, Los Angeles.

CI-DESSOUS : John Lennon donne son dernier concert, avec Elton, au Madison Square Garden, le 28 novembre 1974.

À DROITE : Sur scène à Londres, 1974.

ce jour. En 1974, il surenchérit en se liant d'amitié avec un ancien des Beatles. Sur sa reprise de « Lucy in the Sky with Diamonds », enregistrée à Caribou, les chœurs et la guitare étaient interprétés par John Lennon lui-même, sous le pseudonyme de Dr. Winston O'Boogie. Cette chanson, décrite par Elton comme l'une des meilleures jamais écrites, lui donna un autre n° 1 aux USA en janvier 1975 et il insista sur son amour pour Lennon en reprenant « One Day (At a Time) » de *Mind Games* sur la face B avec Lennon à la guitare. La relation entre les deux nouveaux meilleurs amis ne s'arrêta pas là, Elton livrant les chœurs et le piano sur la chanson de John qui arriva en tête du hit-parade, « Whatever Gets You Thru the Night ». Mais Lennon le paya : pendant l'enregistrement, Elton lui paria qu'elle serait n° 1. Lennon était le seul ex-Beatles à qui une telle chose n'était jamais arrivée et, certain que ça ne se produirait pas, il accepta de jouer sur scène avec Elton si c'était le cas. Et c'est ainsi que Lennon, nerveux au point de vomir avant, victime du trac, fit une apparition dans le concert qu'Elton donna pour Thanksgiving au Madison Square Garden le 28 novembre 1974. L'ovation dura presque dix minutes. Ce fut son dernier concert. Elton le décrivit comme *« un joyeux événement »*, car le public et même certains membres du groupe furent bouleversés par la combinaison de surprise et d'émotion. Ils jouèrent les deux succès susmentionnés plus « I Saw Her Standing There ». *« On a essayé de trouver un morceau pour terminer, pour que je puisse partir en courant et aller vomir,* annonça Lennon à la foule stupéfaite. *Et on s'est dit qu'on allait en faire une d'un ancien amour perdu du nom de Paul. Celle-là, je ne l'ai jamais chantée : on sait juste à peu près comment la jouer. »* Elton avait d'abord suggéré qu'ils fassent « Imagine », mais John avait décrété cette idée *« ennuyeuse »*. Il en parla plus tard comme d'une *« soirée très forte, une soirée vraiment forte… J'étais ému, mais tous les autres étaient en larmes. Je me sentais coupable de ne pas l'être »*.

Les deux légendes de la pop passaient beaucoup de temps ensemble et le garçon de Pinner se pinçait pour vérifier qu'il ne rêvait pas. Il était au sommet. Les critiques, cependant, commençaient à se montrer méprisants. Il n'était pas assez crédible ; il était trop populaire ; il ne pestait pas contre l'autorité – pire encore, il semblait s'amuser. Les tournées des stades étaient, selon certains, trop lucratives et manquaient d'âme. Et l'attitude agressive de John Reid était ressentie comme écrasante et arrogante par une partie des médias. À Auckland, il fut arrêté pour avoir prétendument frappé une journaliste au visage. Elton fut également arrêté pour avoir agressé un ami de la journaliste qui avait fait des remarques qui furent interprétées comme des menaces – Elton avait pourtant seulement attrapé l'homme par le col ; Reid était intervenu et l'avait fait tomber. Elton ne fut pas inculpé et on lui demanda de payer une petite somme pour les frais de justice, mais Reid reçut une peine de prison de vingt-huit jours. Plus tard, des commérages évoquèrent le fait que Reid était incapable de se contrôler quand il avait bu. Elton aussi buvait beaucoup à cette époque, mais en plus, avec de terribles conséquences finales, il tomba dans les mystérieuses tentations de la drogue. De son propre aveu, Reid prenait beaucoup de cocaïne. Il n'est pas complètement surprenant qu'Elton – et Bernie aussi – ait développé une addiction à la poudre. Elle était presque omniprésente dans l'univers du rock. Le mariage de Bernie avec Maxine s'effondrait. Rien de tout ceci n'excuse le caractère épars de *Caribou,* cela nous éclaire sur l'aspect prolifique de la production du groupe et ses tendances au travail acharné. Non que cela ait compromis l'immense plaisir qu'Elton tira –à une certaine distance du Madison Square Garden– d'un concert sur le terrain de Vicarage Road du Watford Football Club. Fan depuis son enfance, il aida le club, alors petit et en difficulté, comme il le ferait bientôt de façon encore plus importante. Son vieux copain Rod Stewart fut ravi de mettre de côté son ego et de servir de première partie à Elton. Ils entretenaient une rivalité amicale depuis des années, depuis l'époque où ils jouaient avec John Baldry, et ils s'étaient donné des surnoms. Pour Elton, Rod était Phyllis et pour Rod, Elton était Sharon. « Sharon » termina 1974, cette année mouvementée, sur un concert de gala, retransmis dans *The Old Grey Whistle Test*[2] sur BBC2.

Il y eut d'autres imprévus, car sa première sortie de 1975 le vit s'abandonner avec délice au son de la soul de Philly. « Philadelphia Freedom » lui donna un autre n° 1 aux États-Unis, créé par John et Taupin à la demande de Billie Jean King, dernière amie célèbre d'Elton en date et championne du féminisme et des droits LGBT qui jouait pour l'équipe Philadelphia Freedoms. Taupin déclara qu'il ne pouvait pas écrire une chanson sur le tennis et ne le fit donc pas. Cela n'a pas empêché des millions d'auditeurs d'y trouver la fierté patriotique qu'ils cherchaient. C'est devenu un hymne de l'État. Avec Gene Page (Barry White, The Supremes) en charge de l'orchestration, le morceau est totalement convaincant dans sa soul virtuose. (L'enregistrement live de « I Saw Her Standing There » avec Lennon faisait une face B attrayante.)

Un autre single exceptionnel d'Elton reste à ce jour la seule reprise d'une chanson des Who à être entrée dans le Top 10 britannique. Le film spectaculaire, sonore et souvent orgiaque de Ken Russell, d'après l'opéra-rock de Pete Townshend *Tommy,* nous montrait Elton sous les traits du Magicien du Flipper (Pinball Wizard), resplendissant et se moquant avec joie de lui-même avec

À GAUCHE : Elton « Sharon » et Rod Stewart « Phyllis » s'entraînent avec le Watford Football Club, 1974.

CI-CONTRE : Venus encourager la star du tennis Billie Jean King à Wimbledon, le 6 juillet 1974.

CI-DESSOUS : Fêtant son 27e anniversaire avec les footballeurs Martin Chivers (à gauche) et Ian Morgan (deuxième en partant de la droite) et des amis, le 26 mars 1974.

CI-DESSUS ET À DROITE : Elton, avec des chaussures géantes, interprète la chanson « Pinball Wizard » dans le film opéra-rock des Who, *Tommy*, 1975.

ses lunettes de comédie, son appareil dentaire et ses bottes-échasses immensément hautes. S'appuyant de nouveau sur la guitare de Davey Johnstone – c'est lui qui apportait le rock dans les cocasseries d'Elton –, on y trouve même une référence culottée à une autre chanson des Who, « I Can't Explain ».

Se fiant à son intuition, Elton prit alors deux décisions professionnelles qui, avec le temps, se sont avérées inspirée pour l'une et absurde pour l'autre. Cette dernière était de laisser tomber des membres clés de son fidèle groupe. La première donna un album autobiographique qui se débarrassait des futilités et du glamour et donnait au monde un éclairage personnel sur l'enfance d'Elton et Bernie et leurs véritables personnes. En théorie, cela n'aurait pas dû marcher, car ils nous dévoilaient la machinerie derrière le rideau d'Oz. En fait, cela donna le meilleur de tous les albums d'Elton John. *Captain Fantastic and the Brown Dirt Cowboy* révélait quelque chose de leurs vraies identités, avec pour résultat un disque qui, sous l'apparence d'un travail conceptuel immense et fantastique, brillait par sa délicatesse et son âme.

Bernie affirme avoir écrit les chansons narratives dans l'ordre chronologique. Elles racontent l'histoire parfois romancée, parfois réaliste des batailles menées par le couple d'auteurs au cours de leurs premières années dans l'industrie de la musique à la fin des années 1960, aboutissant à leur grande percée avec l'éclosion des années 1970. Dans le livret de l'album, avec, en couverture, l'illustration accrocheuse d'Alan Aldridge, qui avait travaillé avec les Beatles et The Who, figuraient les paroles, candides bien que non dépourvues de théâtralité. Elton a déclaré qu'il avait écrit la

musique pendant un trajet en bateau entre l'Angleterre et New York, au cours duquel il avait eu beaucoup de temps pour penser et réfléchir. En 2006, il dit au réalisateur de *Presque célèbre*, Cameron Crowe, qu'il avait toujours considéré *Captain Fantastic* comme *« sans doute mon meilleur album, parce qu'il n'était pas commercial du tout. Il y avait des chansons comme "Someone Saved My Life Tonight", qui est l'une des meilleures chansons que Bernie et moi ayons jamais écrites ensemble, mais il est douteux qu'une chanson* [de 6 minutes] *comme celle-là puisse sortir en single aujourd'hui.* [Cet album] *a été écrit dans l'ordre du début à la fin, comme une sorte d'histoire sur le fait d'accepter l'échec – ou d'essayer désespérément de l'éviter. On a vécu cette histoire ».*

Chose importante, le groupe prit son temps (selon ses critères) cette fois-ci, ayant peut-être tiré une leçon du manque de précision décevant de l'album bâclé *Caribou*. Certes, ils passèrent moins d'un mois dessus, de nouveau au Caribou Ranch, mais cela leur donna tout de même l'occasion de l'affiner et de le polir, ce dont n'avaient pas bénéficié les récentes sessions d'enregistrement hâtives. Ce rythme relativement détendu convenait à Gus Dudgeon et il en parla aussi comme de son disque préféré, déclarant qu'on n'y trouvait pas une seule chanson qui soit *« rien moins qu'incroyable »*. Il incita Elton à pousser sa voix plus loin sur ce morceau exceptionnel et cette pièce maîtresse qu'est indubitablement « Someone Saved My Life Tonight », dans lequel le chanteur et les musiciens font naître un mélodrame houleux – inspiré musicalement, a affirmé Elton, par « God Only Knows » des Beach Boys – trop souvent absent de leurs exercices plus désinvoltes. On pourrait ergoter sur la licence poétique prise avec la géographie – Highbury ne fait pas vraiment partie de l'« East End » –, mais elle fait preuve de franchise et même de colère. Elle racontait ces fiançailles compliquées avec Linda Woodrow, à laquelle sont adressés, sans doute injustement, quelques vers cruels et beaucoup d'amertume, et la tentative de suicide maladroite d'Elton en 1968. Le *someone*[3] de l'histoire est Long John Baldry (aussi désigné par l'expression « Sugar Bear[4] »), qui avait convaincu Elton d'annuler le mariage – le chemin qu'il n'emprunta pas – et sauvé sa carrière musicale.

Seul single tiré de l'album, il n'était pas adapté aux passages radio – Elton refusa d'autoriser une version plus courte – et cela posa problème au Royaume-Uni où il échoua à entrer dans le Top 20. Aux États-Unis, cependant, il triompha, devenant le tout premier single à entrer dans le *Billboard* Hot 100 à la première place. Dans *Rolling Stone,* l'auteur qui prophétiserait plus tard Springsteen, Jon Landau, avançait avec pertinence : *« Tant qu'Elton John peut engendrer une performance par album de l'ordre de* [celle-ci], *il reste une chance qu'il devienne quelque chose de plus que le grand artiste qu'il est déjà et finisse par faire une contribution durable au rock. »*

Il est dommage qu'il n'ait pas exploré plus souvent cette approche plus solennelle – même si *Blue Moves* allait faire preuve d'une certaine angoisse –, car la réception de l'album prouva que ses fans aimaient l'émotion autant qu'ils appréciaient l'effervescence. Il fut le tout premier album à aller directement en première position dans le classement *Billboard* à sa sortie en mai 1975. Il se vendit à plus d'1,5 million d'exemplaires sur les quatre premiers jours et resta en tête du hit-parade pendant sept semaines. En tant qu'album-concept autobiographique assumé, on ne lui accorde pas toujours tout le crédit qu'il mérite. Ce fut le dernier, avant de nombreuses années, avec la formation classique de son groupe (qui, à ce moment-là, partit sur un succès artistique) : nous y reviendrons bientôt. Et Bernie est dans son élément, se regardant le nombril et décrivant à touches impressionnistes leurs années de galère, dans un geste d'auto-mythologie qui charme plutôt qu'il n'agace. N'importe quel parolier s'essayant à quelque chose d'aussi complaisant de nos jours serait la risée de tous, mais en 1975, une époque de prétention glamour et de shows nombrilistes spectaculaires, cela tenait la route. Et nous sommes donc guidés dans l'histoire de l'ascension vers la gloire du rat des villes, The Captain (Elton) et du rat des champs, The Kid (Bernie), son acolyte griffonnant activement et obsédé par le western, tandis qu'ils luttent pour payer leur loyer. (Le pub Northwood Hills figure sur la pochette). La manière dont Taupin s'attaque à la réalité est peut-être narcissique, mais elle lui permit de réaliser ses créations les plus perspicaces et touchantes. Les accords de John sont aussi émouvants que possible sur le coup double final de « We All Fall in Love Sometimes » et « Curtains », qui fait écho à la splendeur de « Someone Saved My Life Tonight ».

En 1997, Elton déclara à *Mojo* que la première des deux était *« une belle chanson d'amour, mais qui ne traite pas, comme cela a été suggéré ailleurs, d'amour sexuel... Bernie m'a montré des choses et des idées que je n'avais jamais rencontrées. Il était le grand frère que je n'avais jamais eu. Sur la plupart des plans, nous étions complètement différents, mais... s'il aimait quelque chose, je me disais qu'il devait y avoir quelque chose dedans. Par exemple, j'écoutais Dylan parce que Bernie pensait que c'était le plus grand auteur de tous les temps. Quand j'écoute* [cette chanson] *et les paroles aujourd'hui, je peux me mettre à pleurer, parce que je me souviens à quel point on était proches à l'époque ».*

Au sommet du monde, 1975.

On y trouve aussi des chansons pop pétillantes : « Bitter Fingers », « Better Off Dead », la country édulcorée de « Writing », où Taupin essaie de faire du simple geste de promener un stylo sur une feuille de papier une activité tirée d'un film de Cecil B. DeMille. Pourtant, le sentiment dominant que l'on retire de cet album théâtral et haut en couleur, c'est qu'il s'agit du grand geste artistique pour lequel *Goodbye Yellow Brick Road* a été pris. Il est extraordinaire qu'une pop star au sommet du monde ait trouvé les ressources nécessaires pour bâtir un classique aussi sincère. John et Taupin se retrouvèrent pour revisiter et prolonger ses thèmes avec un genre de suite en 2006, *The Captain and the Kid,* mais la magie de l'instant avait déjà été emportée par le vent.

C'était un chant du cygne pour le Elton John Band en tant que tel. Il se sépara de Dee Murray et Nigel Olsson, la section rythmique qui avait façonné une si grande part du son caractéristique du chanteur, tandis que le guitariste Johnstone resterait en place pour encore deux ans. La formation classique n'enregistrerait plus d'album ensemble jusqu'en 1983. On rappela Caleb Quaye et Roger Pope et

CAPTAIN FANTASTIC AND THE BROWN DIRT COWBOY

TRACKLIST

FACE A

1. Captain Fantastic and the Brown Dirt Cowboy
2. Tower of Babel
3. Bitter Fingers
4. Tell Me When the Whistle Blows
5. Someone Saved My Life Tonight

FACE B

6. (Gotta Get a) Meal Ticket
7. Better Off Dead
8. Writing
9. We All Fall in Love Sometimes
10. Curtains

Enregistré au Caribou Ranch, Nederland, Colorado (États-Unis)
Produit par Gus Dudgeon
Sortie 19 mai 1975
Label DJM Records, DJLPX 1
Meilleure place au hit-parade lors de sa sortie
UK 2, US 1, CAN 1, AUS 1, ITA 12, JPN 20, SPA 3, GER 22, NOR 2

MUSICIENS

Elton John : chant, piano, Fender Rhodes, clavinet, mellotron, ARP, synthétiseur, clavecin
Davey Johnstone : guitare acoustique, guitares électrique et Leslie ; mandoline, piano sur « Writing », chœurs
Dee Murray : basse, chœurs
Nigel Olsson : batterie, chœurs
Ray Cooper : *shaker*, congas, gong, quijada, tambourin, carillon, cymbales, triangle, bongos
David Hentschel : ARP, synthétiseur (9, 10)
Gene Page : arrangement orchestral (4)

POCHETTE

David Larkham et Bernie Taupin : direction artistique et conception graphique
Alan Aldridge : design de couverture

> **Tant qu'Elton John peut engendrer une performance par album de l'ordre de *[celle-ci]*, il reste une chance qu'il devienne quelque chose de plus que le grand artiste qu'il est déjà et finisse par faire une contribution durable au rock.**
>
> JON LANDAU, *ROLLING STONE*

Sur scène au Dodger Stadium à Los Angeles, le 26 octobre 1975, dans une tenue de baseball couverte de sequins.

Bernie m'a montré des choses et des idées que je n'avais jamais rencontrées. Il était le grand frère que je n'avais jamais eu.

ELTON JOHN

Kenny Passarelli devint le nouveau bassiste. James Newton Howard –qui serait, par la suite, nominé plusieurs fois aux Oscars–, se joignit à cette équipe pour le travail en studio en tant que claviériste et arrangeur de cordes. Le nouveau groupe fut présenté au public lors d'un concert à guichets fermés au stade de Wembley en juin.

Elton reconnut plus tard que ce remaniement était *« inexplicable ».* *« Je ne comprends pas vraiment pourquoi je l'ai fait,* confia-t-il à Johnnie Walker en 2005. *Rétrospectivement… j'essayais de changer les choses musicalement. »* Olsson a raconté qu'il y eut beaucoup de rancœur et qu'il avait reçu un appel de Steve Brown qui lui annonça : *« Elton ne veut plus que vous participiez aux enregistrements et aux concerts. »* Des comptes rendus de l'époque suggèrent qu'il voulait un son rock plus lourd, plus puissant. Cette direction scénique fut cependant brouillée par l'implication du musicien classique Howard dans les enregistrements. Et presque tout fut brouillé par les lignes de cocaïne qui volaient en tous sens. Le concert à Wembley fut imaginé comme un retour triomphant, mais la décision d'Elton de jouer, pour la première fois, l'album *Captain Fantastic* en entier ne suscita pas cette euphorie des foules qui chantent en chœur. Les Beach Boys avaient, en première partie, élevé tout le monde vers la douceur d'un après-midi ensoleillé ; le nouvel album fit redescendre tout le monde vers le crépuscule. Aucune importance : un mois plus tard, il montait sur scène avec les Rolling Stones au Colorado, présenté par Mick Jagger, ce qui agaça sans doute légèrement Elton, comme *« Reg de Watford ».*

Reg de Watford s'acheta bientôt un domaine de 15 hectares près de Windsor Great Park, étant ainsi presque littéralement à portée de main de la famille royale. Le principe absurde qui voulait qu'il travaille dur et s'amuse comme si c'était son dernier jour se poursuivit, avec un autre album, déjà le dixième, à peine cinq mois après *Captain Fantastic.* C'était le dernier qu'il faisait pour le label DJM –ce qui explique en partie la production follement prolifique des dernières années–, honorant son contrat ; il pouvait donc désormais passer à sa propre société, Rocket. Enfin libre ! Comme de juste, *Rock of the Westies* devint le deuxième album de l'histoire à commencer n° 1 aux États-Unis, l'élégant « Island Girl » aux accents caribéens –dont les paroles, traitant d'une prostituée, posent problème aux oreilles actuelles–, le single qui suivit, se classant également premier. (Une fois de plus, l'album comme le single eurent un succès moins retentissant dans la patrie d'Elton.) Le nouveau groupe fut mis en valeur et Patti LaBelle et Kiki Dee réalisèrent les chœurs. Au travers de nombreux changements de ton et de genre, comme si le nouveau groupe apprenait à se connaître en imitant les sons funk-rock de, disons, Little Feat ou the Doobie Brothers, peut-être les Eagles, Bernie

conserve son obsession pour la bande dessinée dans des morceaux tels que « I Feel Like a Bullet (In the Gun of Robert Ford) » et « Dan Dare (Pilot of the Future) ». « Grow Some Funk of Your Own », qui voit le groupe prendre son pied avec un son plus lourd, eut un succès mitigé aux USA, mais fut le premier single depuis cinq ans à quitter le Top 50 en Grande-Bretagne. Dans l'ensemble, on aurait dit qu'Elton, quels que soient les membres de son groupe, était revenu en arrière depuis le courage de *Captain Fantastic* et avait trouvé un certain confort dans la formule utilisée sur *Caribou*.

Le succès ne semblait pas se préoccuper de quel genre d'album il sortait. Le maire de Los Angeles déclara « Semaine Elton John » la série de concerts à guichets fermés qu'il donna au Dodger Stadium dans une tenue de baseball à paillettes et assista à l'inauguration de l'étoile en son honneur sur Hollywood Boulevard. Bientôt, il décida de s'installer pour un temps à L.A., encouragé par Reid, avec à l'esprit le problème des impôts et ses immenses revenus américains. Avec glamour, il acheta un manoir à Beverly Hills qui avait autrefois

À GAUCHE : Au Caribou Ranch, Colorado, pour l'enregistrement de son dixième album *Rock of the Westies*, 1974.

CI-DESSOUS : Bottes de scène faites pour Elton John, 1974.

ROCK OF THE WESTIES

TRACKLIST

FACE A

1. Medley (Yell Help / Wednesday Night / Ugly)
2. Dan Dare (Pilot of the Future)
3. Island Girl
4. Grow Some Funk of Your Own
5. I Feel Like a Bullet (In the Gun of Robert Ford)

FACE B

6. Street Kids
7. Hard Luck Story
8. Feed Me
9. Billy Bones and the White Bird

Enregistré au Caribou Ranch, Nederland, Colorado (États-Unis)
Produit par Gus Dudgeon
Sortie 24 octobre 1975
Label DJM Records, DJLPH 464
Meilleure place au hit-parade lors de sa sortie UK 5, US 1, CAN 1, AUS 4, FRA 5, ITA 16, JPN 47, SPA 8, GER 33, NOR 6

MUSICIENS CLÉS

Elton John : piano (tous sauf 8), chant
James Newton-Howard : clavecin (1), synthétiseur de cordes ELKA Rhapsody (1), synthétiseur ARP (1, 3), clavinet Hohner (1, 2), mellotron (3), piano électrique (4, 5, 7, 8, 9), synthétiseur (4, 5, 9)
Davey Johnstone : guitare électrique (1, 3, 4, 5, 7, 8, 9), chœurs (2, 3, 4, 6, 8), guitare rythmique (2, 6), *voice bag* (2), guitare Ovation (3), banjo (3), guitar *slide* (3, 6), guitare acoustique (4, 5), solo de guitare (5)
Caleb Quaye : guitare électrique (1, 2, 4, 5, 7, 8, 9), chœurs (2, 3, 4, 6, 7, 8), guitare acoustique (3, 4, 5), guitare rythmique (6), solo de lead guitar (6)
Kenny Passarelli : basse, chœurs (2, 3, 4, 6, 7)
Ray Cooper : tambourin (1, 3, 5, 6, 9), cloche à vache (1, 9), congas (1, 3, 6, 7, 8), quijada (1), marimba (3), castagnettes (4), *bell tree* (4), vibraphone (4, 5, 8), *shaker* (8), carillons (8), maracas (9), timbales (9)

POCHETTE

David Larkham : direction artistique et design
Terry O'Neill : photographie de la couverture

> **Phénomène de rock solo le plus commercialement réussi depuis Elvis, Elton John continue de gagner en popularité et ce n'est pas prêt de s'arrêter.**
>
> *ROLLING STONE*

appartenu à Greta Garbo. Avec moins de glamour, sa chair était tentée par l'esprit malin de la drogue.

Dans les années 1970, L.A. ne manquait pas de consommateurs de cocaïne. Le monde de l'industrie de la musique non plus. Le cercle étendu d'Elton non plus. Son comportement à cette époque a été qualifié d'anxieux, impatient, tendu. Une interview de Russell Harty pour ITV le montrait l'air absent, le regard errant, divaguant d'une voix marmonnante, faiblissant, jouant avec des digressions avant de céder. Un jour, a-t-il raconté, il prit trop de calmants et plongea dans sa piscine intérieure. Avec la légèreté du recul, il affirma avoir crié qu'il serait mort d'ici quelques heures et que sa grand-mère lui avait répondu que, du coup, les visiteurs feraient aussi bien de s'en aller. Il resta dans le coma pendant environ quarante-huit heures. Dans le documentaire *Tantrums & Tiaras* (1996), sa mère racontait à quel point c'était éprouvant de voir son film bien-aimé aussi malheureux à l'époque, malgré tout son succès apparent et sa gloire mondiale. Elle en rejetait la faute sur ses mauvaises fréquentations. *« Il y avait des drogues, ce qu'il niait désespérément, mais je ne suis pas stupide »*, disait Sheila, fondant en larmes. Elle ajoutait : *« Et ça n'était que le début. »*

Les costumes étaient devenus plus extravagants, les lunettes caractéristiques plus loufoques, son image plus caricaturalement gaie, mais derrière son sourire de façade, Elton était aux prises avec les démons de l'épuisement et du doute. Au cours des six premières années des années 1970, il avait donné plus de 500 concerts dans le monde entier, enregistré et sorti une douzaine d'albums et accusé le coup des horaires irréguliers, des kilomètres de vol et d'un régime qui n'était certainement pas assez sain pour contrebalancer l'alcool et les drogues. Et puis, il y avait l'inévitable effet de vertige que la célébrité peut avoir sur l'esprit, l'ego, l'estime de soi, le sentiment

À l'inauguration de son étoile sur le Walk of Fame à Hollywood, le 23 octobre 1975.

JOEL McCREA
JUDY HOLLIDAY

d'identité. La dépression attaqua. Tout en évitant toute allusion à la drogue dans les interviews, il commença à dire aux reporters qu'il pensait mettre fin à sa carrière en dents de scie, ou tout au moins aux voyages et tournées terriblement épuisants. Pendant ce temps, Bernie buvait comme un trou et on racontait qu'il était grincheux. C'était une époque de déprime.

Ce fut aussi celle de son coming-out, de l'achat de son club de football préféré, de son premier single n° 1 au Royaume-Uni avec Kiki Dee et d'apparitions joviales dans *The Morecambe and Wise Show*. Elton John était peut-être défait, mais il ne se laisserait pas abattre. Dans les années 1970, sa vie ne connut pas un seul moment d'ennui.

---

1. On pourrait traduire le titre par « La Connasse est de retour » ou « Revoilà la connasse ».
2. Le titre de cette émission dédiée au rock, diffusée de 1971 à 1988, est une expression de Tin Pan Alley. Elle reprend une légende selon laquelle chaque fois qu'un nouveau disque était produit, on le faisait écouter aux concierges (les *old greys*, à cause de leur uniforme gris) des studios. Si ceux-ci sifflotaient *(whistle)* l'air au bout d'une ou deux écoutes, ce « test » était réussi.
3. *Someone* signifie « quelqu'un ». Le titre de la chanson pourrait se traduire par « Quelqu'un m'a sauvé la vie ce soir ».
4. « Mon ours en sucre », mot doux assez courant chez les Anglo-Saxons.

À GAUCHE : Portant un costume avec un motif floral et des lunettes de soleil, 1975.

CI-DESSOUS : Cher et Elton, *The Cher Show*, 1975.

EN BAS : Elton en concert, Londres, 1975.

6

SORRY SEEMS TO BE THE HARDEST WORD[1]

On avait essayé de changer à chaque album jusque-là... J'étais conscient qu'on avait été au sommet de nos carrières et que ça allait se stabiliser. Et on a juste fait un album ouvertement non commercial... *Blue Moves* est très poignant. On était tous épuisés, sous pression, on avait besoin d'une pause. Ce genre de situations donne de l'âpreté et certaines des paroles sont désespérées. J'adore cet album.

ELTON JOHN

Elton John avait dernièrement porté sur scène des lunettes à 5 000 $ avec son nom en lettres lumineuses, un déguisement de statue de la Liberté, un accoutrement de Donald Duck, un costume de Mozart et de nombreuses plumes d'autruche. Raisonnablement, il commença à s'inquiéter du risque que les critiques ne le prennent plus au sérieux. Il avait tendance à s'énerver en privé et, parfois, en public. Il se calma un peu en août 1975, quand les premiers Rock Music Awards à Santa Monica le nommèrent Personnalité Rock Remarquable de l'année. Pour marquer les cinq ans écoulés depuis sa première percée américaine au Troubadour à L.A., il y donna quatre concerts sur deux soirs. Il passa aussi dans *Soul Train*, étant l'un des premiers artistes blancs à le faire, ce qui lui redonna fierté et satisfaction.

Il y eut aussi un single qui connut un énorme succès en Grande-Bretagne à l'été 1976, brisant le sort qui voulait qu'il n'ait jamais eu de n° 1 dans sa patrie. Même là, il dut partager cet honneur avec sa bonne amie Kiki Dee, car ce pastiche de la Motown aux accents disco entraînants, « Don't Go Breaking My Heart », était un duo. Gus Dudgeon démontra de nouveau sa polyvalence en tant que producteur et Elton y glissa même quelques paroles tirées des brouillons de Bernie. Les cordes tourbillonnantes de James Newton Howard tenaient une place de choix et un clip dans lequel Elton et Kiki s'agitent autour du micro tout en chantant renforçait le sentiment de bien-être provoqué par ce qui fut un tube métissé international. En tant qu'auteurs, John et Taupin se servirent ici des pseudonymes Ann Orson/Carte Blanche. (Pendant un moment, on pensa à Dusty Springfield pour accompagner Elton dessus.) La chanson, qui remporta l'Ivor Novello Award de meilleure de l'année, resta le seul n° 1 d'Elton au Royaume-Uni pour encore quatorze ans et le dernier aux États-Unis pour vingt et un ans. En 1977, à la grande époque du punk, il l'interpréta avec Peggy la cochonne dans *Le Muppet Show*[2].

Alors que le single permettait au label Rocket de faire son premier véritable carton, il apparut qu'un autre disque d'Elton

DOUBLE PAGE PRÉCÉDENTE : Sur scène à Munich, Allemagne, février 1976.

CI-CONTRE : Elton et Kiki Dee fêtent leur succès, 1976.

était nécessaire pour que ses obligations contractuelles avec DJM, qui avait pris des dispositions si astucieuses au début de sa carrière, soient remplies. *Here and There*, sorti en avril 1976, était un album live conçu pour régler cela. Il réunissait les enregistrements de deux concerts de 1974, « *here* » (« ici ») étant le Royal Festival Hall, sur la première face, et « *there* » (« là-bas ») le Madison Square Garden, sur la face B. Il semblait avoir été fait un peu pour la forme et les critiques le notèrent. Pour une réédition en 1995, Dudgeon remixa et étendit les sets, lui donnant plus de poids.

Ensuite, il y eut un autre double album. Enregistré en mars à Toronto, Londres, Los Angeles et Santa Monica – ce qui montre un manque de cohérence dû aux épuisantes obligations des tournées –, *Blue Moves*, sorti en octobre 1976, fait figure d'exception dans le catalogue d'Elton. D'abord délaissé par la critique et les fans, il a pris de l'envergure depuis, à mesure que les oreilles s'habituaient à la saveur morose et introspective qui domine et rebuta de nombreuses personnes à l'époque. Cet accueil mitigé fut un coup dur, surtout parce qu'il s'agissait de la première sortie d'Elton chez Rocket, son label et celui de Reid. Oui, le chanteur commençait à manquer de souffle créatif après ces quelques années ridiculement prolifiques sous les feux de la rampe, mais l'atmosphère de l'album avait une mélancolie romantique fascinante, comme si Taupin et lui avaient pris les éléments les plus tristes de *Captain Fantastic* et décidé de se plonger plus profondément dedans. Ce n'était pas aussi

À GAUCHE : En train de chanter « Crocodile Rock » dans *Le Muppet Show*, 1977.

CI-DESSUS : Avec Peggy la cochonne, en duo sur « Don't Go Breaking My Heart », 1977.

HERE AND THERE

TRACKLIST

FACE A
1. Live in London at the Royal Festival Hall
2. Skyline Pigeon
3. Border Song
4. Honky Cat
5. Love Song
6. Crocodile Rock

FACE B
7. Live in New York at Madison Square Garden
8. Funeral for a Friend / Love Lies Bleeding
9. Rocket Man
10. Bennie and the Jets
11. Take Me to the Pilot

Enregistré au Royal Festival Hall, Londres (Angleterre) ; Madison Square Garden, New York (États-Unis)
Produit par Gus Dudgeon
Sortie 30 avril 1976
Label DJM Records, DJLPH 473
Meilleure place au hit-parade lors de sa sortie US 4

MUSICIENS
Elton John : piano, chant
Ray Cooper : percussions
Davey Johnstone : guitares, chœurs
Dee Murray : basse, chœurs
Nigel Olsson : batterie, chœurs

POCHETTE
David Larkham : direction artistique et design

NOTES
L'album fut à l'époque sorti, en partie, pour respecter une dernière obligation contractuelle de John vis-à-vis de DJM Records, avant de faire paraître ses disques par son propre label Rocket Record Company, qui commença avec *Blue Moves* en 1976.

BLUE MOVES

TRACKLIST

FACE A
1. Your Starter for . . .
2. Tonight
3. One Horse Town
4. Chameleon

FACE B
5. Boogie Pilgrim
6. Cage the Songbird
7. Crazy Water
8. Shoulder Holster

FACE C
9. Sorry Seems to be the Hardest Word
10. Out of the Blue
11. Between Seventeen and Twenty
12. The Wide-Eyed and Laughing
13. Someone's Final Song

FACE D
14. Where's the Shoorah?
15. If There's a God in Heaven (What's He Waiting For?)
16. Idol
17. Theme from a Non-existent TV Series
18. Bite Your Lip (Get Up and Dance!)

Enregistré au studio Eastern Sound, Toronto (Canada) ; studios Abbey Road, Londres, (Angleterre) ; Sunset Sound, Los Angeles (États-Unis) ; Brother Studios, Santa Monica, Californie (États-Unis)
Produit par Gus Dudgeon
Sortie 22 octobre 1976
Label The Rocket Record Company, OSP 1, OC
Meilleure place au hit-parade lors de sa sortie UK 3, US 3, CAN 4, AUS 8, FRA 6, ITA 9, JPN 53, SPA 10, GER 39, NOR 5

MUSICIENS CLÉS
Elton John : piano (1-5, 7-10, 13-16, 18), chant (2-9, 12-16, 18), vocalese (11), harmonium (14), clavecin (17)
Paul Buckmaster : arrangements de cordes et chef d'orchestre (3, 7, 15), arrangements de cuivres (7)
Davey Johnstone : mandoline (2, 11, 17), guitare électrique (3, 7, 10, 15), guitare acoustique (6), dulcimer (6), sitar (12), guitare *slide* (5, 18)
James Newton-Howard : synthétiseur (1, 3, 6, 10, 12, 13, 17, 18), piano, Fender Rhodes (3, 9, 13, 17), orgue Hammond (5, 11, 15), mellotron (6), clavinet (7)
Kenny Passarelli : basse (1, 3, 4, 5, 7-11, 14-18)
Roger Pope : batterie (1, 3, 4, 5, 7, 8, 10, 11, 15-18)
Caleb Quaye : guitare acoustique (1, 4, 6, 12, 17), guitare électrique (3, 4, 7, 10, 11, 15, 18), solo de guitare (3, 10, 15), guitare douze-cordes (12)

POCHETTE
David Costa : direction artistique et coordination
David Nutter : photographie
Patrick Procktor : peinture

> **Tous les artistes arrivent un jour à la croisée des chemins. Qui veut être un amuseur de 45 ans à Vegas comme Elvis ?**
>
> ELTON JOHN

À DROITE : Bernie et Elton au Studio 54, New York, 1978.

simple que ça : une grande partie de l'ambiance est créée par les arrangements de clavier et d'orchestre aux ornementations assumées de James Newton Howard. Cependant, le disque possède une intensité intrinsèque, comme si ceux qui étaient concernés savaient qu'il marquait la fin d'une époque. Et c'était le cas, car ce fut la dernière collaboration entre John et Taupin de leur première période, celle de l'épanouissement. Beaucoup s'accordent à dire que, même s'ils se retrouvèrent quelques années plus tard, leur lien ne serait jamais tout à fait le même. Les tournées incessantes allaient aussi bientôt connaître une pause sérieuse et nécessaire et, après *Blue Moves*, le groupe, qui y excelle une fois de plus, se retrouva malheureusement privé de Pasarelli, Pope et Quaye. Fait tout aussi important, si ce n'est plus, ce fut le dernier album d'Elton John produit par Gus Dudgeon pour plus de dix ans.

Quoi qu'il en soit, n'oublions pas que la popularité d'Elton était toujours immense. Malgré ses côtés pessimistes, *Blue Moves* entra dans le Top 3 aux États-Unis et au Royaume-Uni, devenant disque d'or. Comme ce fut le cas pour *Captain Fantastic*, on peut se demander si ce n'était pas une époque musicale – ou une tendance – qu'un artiste plus audacieux aurait continué à parcourir avec des résultats fructueux. Et en effet, avec le recul, Elton a déclaré que c'était aussi l'un de ses préférés.

Double album, il est l'inverse de *Goodbye Yellow Brick Road*, majoritairement enjoué. Le *Village Voice* le qualifia de *« incroyablement mélo »* et *« excessif »*, tandis que *Rolling Stone* trouvait les longs passages instrumentaux (souvent conçus par Howard) complaisants

au *« détriment du sens »*. La pochette, d'après le tableau de Patrick Procktor *The Guardian Readers,* révélait peut-être de la part d'Elton un désir d'être pris plus au sérieux que ce que pouvaient suggérer ses lunettes et tenues farfelues. « Sorry Seems to Be the Hardest Word » en fut le seul tube, mais le ton de « Tonight » (avec le London Symphony Orchestra, dirigé par Howard), « Idol » et « Cage the Songbird » était tout aussi pensif, cette dernière permettant à Bernie de méditer sur la vie d'Édith Piaf au lieu de Marilyn. « Between Seventeen and Twenty » montre de nouveau l'attrait exercé sur Bernie par l'innocence de la jeunesse. « Someone's Final Song » semble traiter d'un écrivain qui boit en pensant au suicide. Ce fut le premier album pour lequel Elton, en voyant certaines paroles de Bernie, affirma qu'il ne pouvait pas les chanter.

De leur côté, « One Horse Town » – qu'Elton reprit plus tard pour en faire l'ouverture de son set – et « Bite Your Lip (Get Up and Dance) » fuyaient l'introversion, adoptant le R'n'B, tandis que « Boogie Pilgrim » aux accents gospels sort le grand jeu avec ses chœurs. Le morceau instrumental entraînant et inventif « Out of the Blue » est plus qu'un peu progressif. Sur la complexe « Chameleon », qui monte lentement avant de prendre vraiment de la vitesse, on peut entendre Bruce Johnston des Beach Boys et Toni Tenille aux chœurs, même si les Beach Boys avaient refusé la proposition d'Elton quand il leur avait offert la chanson deux ans plus tôt. Parmi les grands noms qui firent des apparitions ici, on comptait David Crosby et Graham Nash, The Brecker Brothers, David Sanborn et un certain Paul Buckmaster, toujours dans le collimateur de Dudgeon. Et à l'efficacité plus subtile qu'Howard qui, dans sa courbe d'apprentissage, avait une tendance à la grandiloquence.

Premier album d'une série de sept à ne pas obtenir l'inévitable place n° 1 aux États-Unis, *Blue Moves* se posait en un étrange candidat pour être le premier d'Elton à devenir disque de platine ; ce fut pourtant le cas, en partie parce que cette distinction n'exista qu'à partir de 1976. Ballade plaintive et indémodable, « Sorry Seems to Be the Hardest Word » a survécu à un duo avec le boys band Blue en 2002 (qui fut n° 1 en Grande-Bretagne, 11 places devant l'original d'Elton) et à son utilisation dans une publicité pour de la nourriture pour chats aux USA en 2015.

Bernie Taupin a dit de cet album qu'il avait été écrit sous la pression habituelle de devoir créer un succès monstre, avec *« une sensation de 'combien de temps allons-nous pouvoir continuer*

comme ça?' ». Elton a expliqué : *« On avait essayé de changer à chaque album jusque-là, mais ça a été le plus drastique. J'étais conscient qu'on avait été au sommet de nos carrières et que ça allait se stabiliser. Et on a juste fait un album ouvertement non commercial. Ce n'était pas à dessein – il est plein de belles chansons et le groupe est super dessus. Je pense que* Blue Moves *est… très poignant. On était tous épuisés, sous pression, on avait besoin d'une pause. Ce genre de situations donne de l'âpreté et certaines des paroles sont désespérées. J'adore cet album. »* Il a reconnu qu'en faisant ce disque, il écoutait « I'm Not in Love » de 10cc *« partout – dans la voiture, à la maison –, je sanglotais comme un bébé »*.

Ce fut un moment charnière. *« Tous les artistes arrivent un jour à la croisée des chemins »*, a déclaré Elton. Et sur un bon mot dicté par les circonstances – *« Qui veut être un amuseur de 45 ans à Vegas comme Elvis? »* –, il stupéfia ses fans en annonçant qu'il arrêtait de tourner (ou du moins, il dit à *Rolling Stone*, qu'il était *« fort improbable »* qu'il reparte un jour en tournée). Du point de vue privilégié que nous avons au XXIe siècle, sa déclaration semble prématurée, mais il savait qu'il s'épuisait et qu'il était *« temps de se calmer »*. Il y avait eu quelques concerts pour la promotion de *Blue Moves*. Enfin, après des années de continuelles sessions dans l'urgence, il y eut un intervalle de deux ans avant l'album suivant. Pendant un concert de bienfaisance au stade de Wembley en 1977, Captain Fantastic déclara, avec un soupçon de drame rappelant le célèbre « Retirement Gig » où Bowie abandonna Ziggy en juillet 1973 : *« Ça fait longtemps que je n'ai pas été en tournée. Ça a été un choix difficile de décider si j'allais reprendre la route ou non… et j'ai pris une décision ce soir. Ce sera le dernier concert. Mais pour moi, il y a bien d'autres choses à faire que de partir en tournée. »*

Une partie de ces *« autres choses »* commençaient à voir le jour. Selon deux manœuvres opposées sur le papier, il fit son coming out et sa relation avec le Watford Football Club passa à un tout autre niveau. En octobre 1976, il dit à un journaliste de *Rolling Stone* qu'il était bisexuel (il n'annonça être gay qu'à la fin des années 1980). La même année, il devint président et directeur du club de football dont il était supporter en grandissant dans la ville voisine de Pinner.

La « confession » dans *Rolling Stone* portait le titre « Discussion franche avec Elton – la vie amoureuse solitaire d'une superstar ». Elton parlait avec candeur de la dépression, des mauvaises passes et du contraste entre sa vie publique digne d'un *« film de Disney »* et son insatisfaction privée. Sa relation avec John Reid était sur la fin (ils restèrent proches). Il déclara, disant à l'interviewer de continuer à enregistrer : *« Je n'ai jamais parlé de ça avant… Il n'y a rien de mal dans le fait de coucher avec quelqu'un de son propre sexe. Je pense que tout le monde est bisexuel dans une certaine mesure. Je ne pense pas qu'il n'y ait que moi. Ce n'est pas une mauvaise chose de l'être. Je crois que vous êtes bisexuel. Je crois que tout le monde l'est. »* Si Bowie avait brisé ce tabou en Grande-Bretagne, une bonne partie de l'Amérique n'était pas encore tout à fait prête à entendre ça. Il y eut des lettres de protestation, mais Elton se disait que ce n'était pas aussi grave que certains le suggéraient. Il dit même à *Sounds* plus tard cette année-là que c'était tombé à plat. *« Il y a plus de gens qui me font signe qu'avant, c'est tout. Personne ne semble m'en vouloir. Surtout au sein du club de football. Bien qu'il y ait eu quelques éclats de voix depuis les gradins. »* Coïncidence ou non, c'est là que la carrière d'Elton commença à vaciller commercialement. Des amis ont dit qu'il en voulait à Bowie de s'être approprié le marché de la mystique gay alors qu'il était principalement hétérosexuel, tandis qu'il avait eu l'impression de devoir jouer les hétéros alors qu'il était gay. Si Elton mettait désormais un bémol à ses tenues, pensant qu'il aurait plus de crédibilité sans ses choix de garde-robe loufoques et caricaturaux, il était toujours enclin aux facéties comme porter une banane d'or géante à l'entrejambe.

Ce sens de l'humour l'aida à passer outre les chants homophobes des stades de football des années 1970. En tant que président de Watford, il eut de nombreuses occasions de le mettre en pratique pendant que les fans de l'équipe adverse faisaient travailler leurs cordes vocales. Il avait commencé par acheter des parts de son club préféré en 1973, on lui demanda d'investir et il reçut le titre de vice-président. Mais ce n'était pas un supporter absent : il assistait aux matchs dès que c'était géographiquement possible et il fit la promotion du club non seulement dans ses interviews, mais aussi dans le clip

À GAUCHE : Elton pose pour un portrait avec son lapin de compagnie, Clarence, chez lui, près de Londres, 1976.

À DROITE : Wembley, 1977 : S'agissait-il du dernier concert d'Elton ?

> **Après quatorze albums, on avait besoin de s'éloigner l'un de l'autre.**
>
> ELTON JOHN

de « Step into Christmas ». Pour le club encore petit, c'était une publicité importante. Au bout d'un an, il était devenu directeur et il appuya davantage les Hornets, qui se languissaient dans l'ancienne Quatrième Division (la ligue la plus basse). Quand Elton fut élu président en 1976, il consacra le temps qu'il se permettait de prendre sur la musique (en dehors des moments où il profitait du succès de Rocket Records) à les aider à s'élever. Il trouva en John Reid un autre investisseur et devint captivé par sa nouvelle mission. Reid et lui étaient alors séparés et le manager ne vivait plus dans la maison Hercules ; mais son empire commercial se portait bien, et il s'occupa même de Queen pendant une courte période. L'argent du monde de la musique redonna espoir à Watford et, quand Elton nomma Graham Taylor entraîneur, débuta une période heureuse de l'histoire du club. Basé dans le Lincolnshire, Taylor était aussi différent du chanteur que peuvent l'être deux hommes, mais ils tissèrent un lien improbable à mesure que la bonne fortune du club grimpait en flèche.

Ils avancèrent jusqu'en Première Division sans que l'on puisse les arrêter, atteignant un sommet en finissant deuxièmes derrière Liverpool en 1983. Un an plus tard, ils arrivèrent en finale de la Coupe d'Angleterre, perdant face à Everton. De telles hauteurs auraient été impensables avant l'époque d'Elton (et celle de Taylor qui entraînerait par la suite l'équipe d'Angleterre). Elton vendit le club en 1987, conservant le titre de président, mais le racheta dix ans plus tard. Depuis, il a continué à s'impliquer à différents niveaux – alors qu'ils connaissent aujourd'hui une autre période prospère dans le monde fortuné de la Premier League, il conserve encore des intérêts financiers – et, en 2014, le fan de toujours était au stade de Vicarage Road pour assister à l'inauguration de la tribune Elton John Stand. *« L'un des plus beaux jours de ma vie »,* déclara-t-il fièrement.

Musicalement, ce fut une période creuse : le repos et le rétablissement étaient nécessaires non seulement pour Elton, mais aussi pour Bernie, le groupe et toute l'équipe. Gus Dudgeon, producteur de tous les albums hors *Empty Sky,* partit suite à un litige concernant l'argent, bien qu'Elton ait également dit à *Sounds* qu'*« après quatorze albums, on avait besoin de s'éloigner l'un de l'autre. Et aussi, aujourd'hui, je sais exactement ce que je veux ».* Dudgeon estimait qu'il s'était brouillé avec Rocket Records, pas avec Elton. Il avait l'impression que le label était en perte de vitesse et que réussir à réunir Elton, Bernie et John Reid dans la même pièce était trop difficile, sans même parler d'avoir une discussion stratégique. D'autres ont émis l'opinion que la poigne de fer de Gus en studio était dorénavant trop dirigiste pour Elton, qui avait parcouru bien du chemin depuis l'époque où il était ce jeune homme passionné et ambitieux dont Dudgeon avait fait une star commercialisable. Le producteur allait poursuivre sa carrière en travaillant avec Joan Armatrading, Gilbert O'Sullivan, les Beach Boys et d'autres avant de retrouver Elton bien plus tard. En 2002, il mourut avec sa femme dans un accident de voiture et Elton leur dédia l'album *Peachtree Road.*

CI-CONTRE : Sur scène avec une banane dorée géante pendant au bout d'une chaîne, 1977.

À DROITE : En fier président du Watford Football Club, 1977.

Cependant, la formule efficace d'Elton John allait peut-être se ressentir encore plus violemment de sa séparation avec Bernie Taupin. Après près de dix ans passés à travailler de concert et à grandir sous les yeux du public en tant qu'amis fidèles, ils avaient tous les deux pris conscience qu'il était temps de se donner ce que l'on appelle communément un peu d'espace. Le chanteur, qui encouragea Bernie à travailler pour d'autres avec sa bénédiction – il écrivit pour l'album d'Alice Cooper *From the Inside* –, avait le sentiment qu'ils avaient un peu épuisé leur partenariat créatif. Il déclara à un interviewer qu'il avait fait trop d'albums *« dans la même veine »* et que le rapport qu'il avait avec Bernie au début commençait à sentir le renfermé. Depuis leur jeunesse où ils partageaient un appartement et écoutaient des disques ensemble, ils s'étaient éloignés, le travail d'écriture étant devenu, depuis *Honky Château,* quelque chose qu'ils faisaient souvent via la poste, sans se rencontrer physiquement (à l'exception de *Captain Fantastic,* ce qui pourrait expliquer sa coloration émotionnelle plus importante). Bernie avait incontestablement changé depuis l'époque où il était un innocent gamin de la campagne. Vivant à L.A., il buvait beaucoup, ruminant l'échec de son mariage, presque comme une parodie des personnages de *Blue Moves.* Ses médecins lui conseillèrent de se reprendre. Il fila à Acapulco pour une période de désintoxication. Le bon vieux temps où Elton et Bernie rêvaient de gloire sous le ciel de Pinner s'était envolé depuis belle lurette.

Elton John, trentenaire, était-il en position idéale pour surfer sur la vague du punk rock, la nouvelle mouvance majeure de l'époque? Probablement pas. Quand, détestant sa calvitie, il opta pour une greffe capillaire, ce que les journaux du Royaume-Uni se firent une joie de rapporter, il ne fut pas exactement perçu comme le mec le plus branché par une génération qui aimait la rébellion tapageuse des Sex Pistols et des Clash. Il qualifia cette époque de *« brillante »,* mais les ventes de ses disques s'effondrèrent et sa renommée fut mise au placard. Il était très à la mode de critiquer la vieille garde: les Elton, Stones, Zeppelin, les groupes progressifs. Des temps difficiles pour Captain Fantastic, si inexpugnable si peu de temps auparavant. Heureusement pour lui, le « ménage » punk était bien plus important au Royaume-Uni qu'en Amérique, où son effet était plutôt esthétique.

Néanmoins, après le rythme éprouvant des années de son ascension et malgré une série de six concerts de bienfaisance au Rainbow Theatre de Londres au début de l'été, il apprenait à renouer avec une vie « normale », bien qu'avec une tendance à une consommation de brandy excessive. *« J'étais prisonnier de ma tour d'ivoire,* dit-il à *Sounds. La famille royale n'était sans doute pas aussi bien traitée que je ne l'ai été ces dernières années. »* Il ajoutait:

« Je sais que c'est ennuyeux, mais être impliqué dans le club de football m'a remis les pieds sur terre. Me mêler aux mêmes personnes qui fréquentaient le pub [Northwood Hills] *où je jouais quand j'avais 17 ou 18 ans… »* Il continuait de se rendre au Watford FC dans des tenues extravagantes. Cela conduisit Graham Taylor à remettre les joueurs qui dépassaient les bornes à leur place avec le commentaire ironique qu'il avait déjà bien assez à faire pour apprendre à Elton John à se conduire en président de club de football. En parallèle, celui-ci aida un groupe à connaître le succès avec Rocket Records. La chanson était « Gonna Capture Your Heart » et le groupe était Blue – mais pas le boys band du même nom avec lequel il collaborerait plus tard. Quant à sa propre musique, il se livra à son amour de la soul de Philly en travaillant à Sigma Sound, à Philadelphie, avec Thom Bell, l'homme responsable du son de The Stylistics, The Delfonics et autres grands. Les morceaux qui en résultèrent restèrent un moment dans les archives, mais l'un d'entre eux – « Are You Ready for Love? » – allait faire un retour surprise à la première place un quart de siècle plus tard. Bell avait assez de cran pour conseiller à Elton de chanter dans un registre plus grave, technique qui allait augmenter sa longévité vocale.

Une autre des chansons sur lesquelles ils travaillèrent là-bas fut sa première véritable collaboration avec Gary Osborne, « Shine on Through ». Osborne allait prendre la place de parolier de Taupin sur l'album suivant d'Elton John, puis par intermittence. Ils étaient amis depuis un certain temps et quand Elton lui demanda d'écrire quelque chose sur une mélodie de piano, Osborne saisit l'opportunité. Peu sont ceux qui considèrent qu'Osborne remplaça Taupin dans l'affection des fans ; cependant, il aida Elton à se remettre en selle, égayant ses journées à ce moment-là. Le fruit de leur association fut joué pour la première fois par Elton dans l'épisode de Noël de *Morecambe and Wise* en 1977. Pour remettre les choses dans leur contexte, il fut regardé par plus de 28 millions de personnes, plus de la moitié de la population britannique. Elton joua le jeu, faisant semblant de se perdre dans les studios de la BBC tandis qu'Eric et Ernie se moquaient gentiment de lui. *« Je suis Elton John ! » « Oh, j'en suis désolé. »* Comme Des O'Connor, il finit par pouvoir chanter sa chanson. À la fin, il soupire : *« C'est ce que j'allais faire dans le* Morecambe and Wise Show… » *« C'est une bonne chose que vous ne l'ayez pas fait ! »*, gazouille Eric, déguisé en femme de ménage.

Elton était tout en petits rires aimables, mais en privé, il était quelque peu dégrisé, son train de vie hollywoodien et son cercle de célébrités se réduisaient (comme ils oublient vite) et ses addictions reprenaient le dessus. La cocaïne et le brandy étaient ses principaux démons. Gary Osborne raconta au biographe David Buckley que son

À GAUCHE : Une gigantesque pile de lettres de fans, Los Angeles, 1977.

CI-CONTRE : Dans les vestiaires du Watford Football Club, 1977.

> **Elle traite de la sottise des stars du rock'n'roll… Et elle s'est avérée être l'une des chansons les plus sincères qu'on ait jamais écrites.**
>
> ELTON JOHN

nouveau collègue fuyait le sommeil, buvant pour contrer les effets de la coke. Son premier album depuis sa séparation d'avec Bernie et Gus, *A Single Man*, fut conçu sous le joug de ces addictions. La cocaïne est connue pour être une drogue qui vous convainc que toutes vos idées sont géniales. Sans surprise, ce n'est pas vrai de la plupart d'entre elles. Prélude à l'album, le single « Ego », qui ne figura pas sur le disque en définitive, était une composition John-Taupin, un chant du cygne qui restait des sessions *Blue Moves* et s'enorgueillissait de variations de tempo et d'un clip coûteux. Ce fut un bide. *« 'Ego' était juste quelque chose que j'avais de prêt,* expliqua Elton. *Malheureusement, ce n'était pas le bon moment. Ça a été décevant.* [Avec Bernie], *je n'y ai jamais pensé comme à une autobiographie jusqu'à ce qu'elle sorte. Elle traite de la sottise des stars du rock'n'roll et le clip était censé montrer à quel point le rock'n'roll peut être stupide. L'aspect grotesque du rock'n'roll. Et elle s'est avérée être l'une des chansons les plus sincères qu'on ait jamais écrites. »*

Dorénavant, c'était à Osborne de fournir la sincérité, l'ironie, ou n'importe quelle nuance entre les deux pour les paroles. Si Dudgeon n'était pas à la production – on fit venir le bassiste Clive Franks pour remplir ce rôle, malgré ses réticences à succéder à Dudgeon –, Elton choisit toutefois d'enregistrer dans le studio flambant neuf de Gus, The Mill, à Cookham dans le Berkshire, pendant les trois premiers trimestres de 1978. Il y eut de nouveaux changements : ce fut le dernier album auquel participa Paul Buckmaster pendant de nombreuses années et, bien que Ray Cooper ait encore été présent, Davey Johnstone ne joua que sur le premier single, « Part-Time Love ». Elton, qui chantait désormais dans le registre plus grave recommandé par Thom Bell, composa d'abord les mélodies et les paroles furent ensuite écrites dessus par Osborne. Sur la pochette, Elton, photographié à Windsor Great Park, près de chez lui, était l'opposé même du personnage excentrique et haut en couleur qui lui est traditionnellement

En train de lire le courrier des fans, Hilversum, Pays-Bas, 1978.

A SINGLE MAN

TRACKLIST

FACE A
1. Shine on Through
2. Return to Paradise
3. I Don't Care
4. Big Dipper
5. It Ain't Gonna Be Easy

FACE B
6. Part Time Love
7. Georgia
8. Shooting Star
9. Madness
10. Reverie
11. Song for Guy

Enregistré à The Mill, Cookham, Berkshire (Angleterre)
Produit par Clive Franks & Elton John
Sortie 16 octobre 1978
Label The Rocket Record Company, TRAIN 1
Meilleure place au hit-parade lors de sa sortie UK 8, US 15, CAN 12, AUS 8, FRA 2, ITA 13, JPN 74, SPA 12, GER 17, NOR 4

MUSICIENS

Elton John : chant, chœurs (1, 2, 8), pianos (1, 4, 11), piano (2, 3, 5, 6, 7, 9, 10), clavinet (3), harmonium (7), grand orgue (7), Fender Rhodes (8), mellotron (11), Polymoog (11), synthétiseur Solina String (11)
Ray Cooper : tambourin (1, 3-7, 9), marimba (2), *shakers* (2, 8, 11), vibraphone (5), congas (6, 9), timbales (9), carillons (11), boîte à rythmes (11)
Paul Buckmaster : arrangements orchestraux (1, 3, 5, 6, 9), arrangements (2), synthétiseur ARP (10)
Clive Franks : basse (1-7, 9, 11)
Tim Renwick : guitare acoustique (2, 3), guitare électrique (4, 5, 6, 9), guitare Leslie (7), mandoline (7)

POCHETTE

David Costa : maquette
Mike Storey : design graphique
Terry O'Neill : photographie

NOTES

A Single Man fut le premier album où Gary Osborne remplaça Bernin Taupin comme parolier. C'est aussi le seul album d'Elton John à n'avoir aucun titre coécrit par Bernie Taupin sur le montage original.

associé. Le montrant vêtu dans un costume d'enterrement, arborant un haut-de-forme et une canne, la photo remporta une récompense de *Music Week* mais ne trouva pas grâce aux yeux des acheteurs de disques auxquels manquait leur dose d'Elton enjoué.

Sorti en octobre, les ventes de l'album furent respectables, mais pas phénoménales. La présence du « Watford Football Club » aux chœurs sur deux morceaux aida peut-être, mais peut-être pas. Les deux singles, opposés, avaient chacun leurs mérites ; « Part-Time Love » était très dansant, tandis que « Song for Guy », qui était en réalité un morceau instrumental écrit entièrement par Elton, était un hommage à un garçon de courses adolescent de Rocket Records, Guy Burchett, tué dans un accident de moto. Les notes d'Elton dans le livret donnaient une idée de son état d'esprit caustique à l'époque : *« En écrivant cette chanson un dimanche, je m'imaginais flottant dans l'espace et regardant mon propre corps d'en haut. Je m'imaginais en train de mourir. Obsédé par ces pensées morbides, j'ai écrit cette chanson sur la mort. Le lendemain, on m'a dit que Guy… était mort tragiquement, le jour où j'avais écrit la chanson. »* Les seules paroles, flottant vers la fin, sont : *« Life isn't everything*[3] *».*

La vie n'était pas aussi morose que les sautes d'humeur d'Elton peuvent le faire croire. Il se remit à tourner, devenant l'un des premiers artistes occidentaux à jouer en Union Soviétique et en Israël, accompagné uniquement par Ray Cooper. L'un des morceaux faits avec Thom Bell et mis de côté, « Mama Can't Buy You Love », permit son retour dans le Top 10 aux USA et un EP de trois titres vit le jour, même si le potentiel de sa face B de 8 minutes, « Are You Ready for Love », n'avait pas encore été remarqué. Cependant, si cela convainquit Elton que l'avenir était dans la dance – et en effet, le

À GAUCHE : Toujours vêtu pour faire impression, Windsor, Angleterre, 1978.
CI-DESSOUS : Pendant sa tournée en Russie, mai 1979.

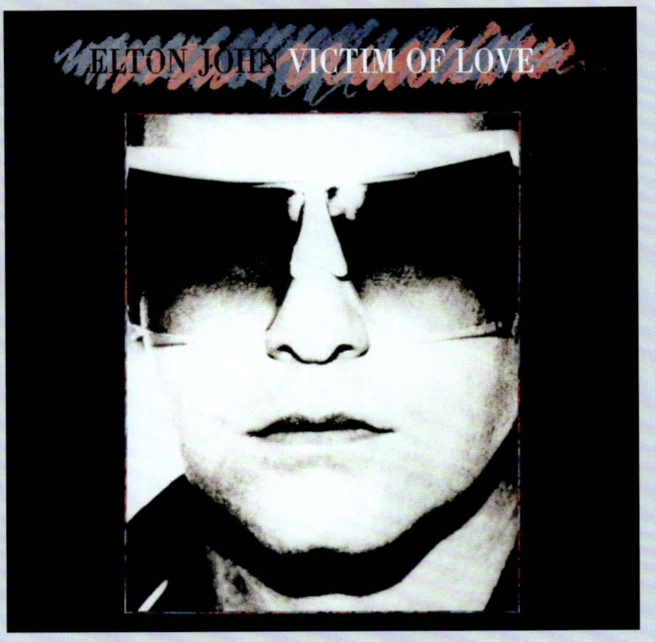

VICTIM OF LOVE

TRACKLIST

FACE A
1. Johnny B. Goode
2. Warm Love in a Cold World
3. Born Bad

FACE B
4. Thunder in the Night
5. Spotlight
6. Street Boogie
7. Victim of Love

Enregistré aux studios Musicland, Munich (Allemagne) ; Rusk Sound Studios, Hollywood (États-Unis)
Produit par Pete Bellotte
Sortie 13 octobre 1979
Label The Rocket Record Company, HISPD 125
Meilleure place au hit-parade lors de sa sortie UK 41, US 35, CAN 28, AUS 20, NOR 18

MUSICIENS CLÉS

Elton John : chant et chœurs
Thor Baldursson : claviers, arrangements
Tim Cansfield : guitare rythmique
Paulinho Da Costa : percussions
Roy Davies : claviers
Keith Forsey : batterie
Marcus Miller : basse
Craig Snyder : lead guitar

POCHETTE

David Bailey : photographie
Jubilee Graphics : design

NOTES

Avec moins de 36 minutes, c'est l'album le plus court dans la carrière d'Elton John, et l'un des plus atypiques de sa discographie sur plusieurs aspects. Il n'a pas écrit les chansons ni joué du piano ou autres claviers, il lui a seulement prêté sa voix. Ce fut aussi le premier album sans aucun des membres originaux du groupe.

règne du disco n'était pas seulement arrivé, mais s'était stabilisé, ce qui faisait que certaines grandes stars, prenant le train en marche, étaient loin d'avoir loupé le coche –, son album suivant fut un raté fort peu judicieux. *Victim of Love* (sorti en octobre 1979) fut descendu par la critique – *« complètement rebutant »*, écrivit *Melody Maker* – et l'un de ses albums les plus mal classés.

En théorie, cela aurait pu marcher. Produit par Pete Bellotte, l'acolyte né à Barnet et basé à Munich de la légende de l'électro Giorgio Moroder, son allure disco était encore légèrement en vogue. Mais Elton ne jouait aucun instrument dessus, n'avait écrit aucune des chansons, la plupart d'entre elles fournies par Bellotte, et il s'ouvrait sur une version de 8 minutes de « Johnny B. Goode » de Chuck Berry. La promotion fut négligeable et Elton heureux de le voir passer à la trappe aussi vite que possible, même si la chanson-titre, avec des chœurs de Michael McDonald, connut un petit succès aux États-Unis.

En réalité, Elton souffrait d'une mauvaise santé. Il était tombé malade chez lui fin 1978. La faute en fut attribuée à cet euphémisme coutumier du monde du spectacle, *« l'épuisement »*. On le conduisit dans un service de cardiologie de Harley Street, suite à une perte de connaissance, ce qui suggère que quelque chose de plus sérieux que l'épuisement était à l'œuvre. Cela ne l'empêcha pas de partir pour les dates russes et le fait de s'y rendre dans une formule intime, avec Cooper seul à ses côtés, impliquait moins de cirque que le strass et les paillettes des tournées précédentes. Cela lui convenait désormais et il semblait tirer plus de plaisir de ses liens avec le Watford FC, accueillant des garden-parties pour l'équipe et son entourage dans son manoir de Woodside, avec sa piscine intérieure, son cinéma et sa boîte de nuit.

La retombée de ses aventures musicales le déconcertait sans doute. Des dates à New York ne furent pas complètes – un fait inimaginable à peine deux ans plus tôt. Un critique de L.A. écrivit de lui qu'il était *« curieusement démodé »* et lui reprocha d'être *« d'une autre époque »*. Les années 1970 étaient terminées. Une de ses plus grandes stars, Elton John, allait-elle être révoquée avec cette décennie ? Manifestement, il allait devoir trouver un moyen de s'adapter et de se remettre au goût du jour s'il voulait profiter des années 1980 et de la suite. En véritable battant, c'est ce qu'il fit.

---

1. Titre de chanson extraite de *Blue Moves* (1976). Littéralement, « 'Désolé' semble être le mot le plus difficile ».
2. Créée par Jim Hanson, *The Muppet Show*, est une série culte diffusée de 1976 à 1981, dans laquelle Kermit la grenouille, Peggy la cochonne (Miss Piggy, en version originale) le grand Gonzo, l'ours Fozzie et plein d'autres marionnettes accueillaient un invité humain (acteurs, chanteurs, musiciens…).
3. *« La vie n'est pas tout »*.

Elton et le percussionniste Ray Cooper devant le Palais d'Été à Saint-Pétersbourg pendant une tournée en ex-Union soviétique, mai 1979. Les concerts de John furent les premiers donnés par une rock star occidentale dans le bloc de l'Est. Les images de cette tournée donnèrent lieu à un film, *To Russia With Elton*.

7

TOUJOURS DEBOUT

J’avais tout, mais je n’avais rien. J’avais besoin de la stimulation d’un changement de vie, de la rendre plus gratifiante et partagée. Je me voyais déjà finir en excentrique, seul et extrêmement pointilleux, un peu comme Quentin Crisp. Sauf que je fais la poussière et pas lui. Je ne voulais pas de ça.

ELTON JOHN

Si Elton avait commencé les années 1980 en se sortant instantanément de son marasme sur le rugissement de défi de « I'm Still Standing[1] », cela aurait fait une aventure hollywoodienne plus lisse. En réalité, ce rebond n'eut vraiment lieu que trois ans après le début de cette décennie, après quelques faux nouveaux départs et quelques albums moyens, pas vraiment triomphaux. C'est à cette période que se produisit l'épisode mémorable dans lequel, suite à quelques nuits d'insomnie, Elton appela, indigné, un membre de son équipe (ou un concierge d'hôtel) au beau milieu d'une nuit de mauvais temps pour lui ordonner de rendre Londres moins venteuse.

Pour quelqu'un dont la carrière, selon ses exigences élevées, était en chute, septembre 1980 fut un heureux rappel d'à quel point il était encore grand. Sponsorisé par Calvin Klein, son concert gratuit à Central Park en l'honneur de John Lennon, le 13, aurait attiré près de 400 000 spectateurs. Si Elton en fut touché, son déguisement de Donald Duck allégea rapidement l'atmosphère et, quand il découvrit sur scène que ce n'était pas ce qu'il y avait de plus pratique pour s'asseoir sur un tabouret de piano, il se mit à émettre des ricanements et des coin-coin, ce qui rendit les chansons comme « Your Song » un peu moins romantiques. Son humeur s'améliorait. Reconnaissez-le, avec Leonard Cohen, il n'y avait pas de coin-coin.

Son image avait été légèrement redorée par l'album *21 at 33* (son 21e album, en comptant les lives et les compilations, à l'âge de 33 ans) en mai 1980. Personne ne le considéra comme un classique, mais Bernie était de retour avec (une partie) des paroles, tandis que Gary Osborne avait fourni les autres. Judie Tzuke, signature de Rocket qui avait donné un tube au label avec « Stay with Me till Dawn », coécrivit le dernier titre, « Give Me the Love » et Tom Robinson, un autre. C'était comme si Elton permettait temporairement à ses meilleurs collaborateurs de revenir. Le disque était de nouveau produit par le sous-estimé Clive Franks, Dee Murray et Nigel Olsson y faisaient des apparitions, James Newton Howard était de retour et, bien sûr, l'implication partielle de Bernie contribuait à détendre l'atmosphère. De grands noms américains comme Don Henley et Glenn Frey participèrent. Parmi les invités, on comptait aussi un certain Peter Noone. L'album atterrit aux portes du Top 10 à la fois aux États-Unis et au Royaume-Uni, tandis que « Little Jeannie » donnait à Elton son premier single dans le Top 3 américain en quatre ans. Enregistré en partie au cours des mêmes sessions, l'album de mai 1981, *The Fox*, s'inscrivit dans la même lignée musicalement, même s'il se vendit

DOUBLE PAGE PRÉCÉDENTE : Dans les studios Shepperton près de Londres, pendant le tournage d'un clip pour son album *The Fox*, juin 1981.

CI-CONTRE : Elton John contemple la mer de fans rassemblés à Central Park, à New York, pour le voir donner un concert gratuit, le 13 septembre 1980.

mal. Ceci bien qu'il ait signé chez Geffen aux USA et fait venir pour la première fois le producteur Chris Thomas. Un départ de mauvais augure, peut-être, mais Thomas, légendaire pour avoir travaillé avec tout le monde, des Beatles à Pink Floyd en passant par Roxy Music ou The Pretenders, fut bientôt le principal producteur d'Elton pendant une période fructueuse. *The Fox* voyait de nouveau la tâche de parolier répartie entre Taupin et Osborne, comme si Elton voulait jouer sur les deux tableaux. Les morceaux de Taupin, comme « Fascist Faces » et « Just Like Belgium », ne se prêtaient pas au statut de potentiels succès pop, alors qu'une autre collaboration avec Tom « Glad to Be Gay[2] » Robinson parlait à la foule d'une romance gay sous le titre, trompeur par sa banalité, de « Elton's Song[3] ». *« La choquante vidéo gay d'Elton »*, s'indignèrent les tabloïds à propos de son

CI-DESSOUS : Dans les studios Shepperton près de Londres, pendant le tournage d'un clip pour son album *The Fox*, juin 1981.

À DROITE : Assis, bariolé, près d'une piscine, 1981.

21 AT 33

TRACKLIST

FACE A

1. Chasing the Crown
2. Little Jeannie
3. Sartorial Eloquence
4. Two Rooms at the End of the World

FACE B

5. White Lady White Powder
6. Dear God
7. Never Gonna Fall in Love Again
8. Take Me Back
9. Give Me the Love

Enregistré au studio Super Bear, Nice (France) ; Rumbo Recorders et Sunset Sound Recorders, Los Angeles (États-Unis)
Produit par Elton John & Clive Franks
Sortie 13 mai 1980
Label The Rocket Record Company, HISPD 126
Meilleure place au hit-parade lors de sa sortie UK 12, US 13, CAN 10, AUS 7, FRA 3, ITA 25, JPN 56, GER 21, NOR 6

MUSICIENS CLÉS

Elton John : chant and chœurs, piano enregistré, piano acoustique (1, 3, 5, 6, 8), piano électrique Yamaha (4), piano électrique Wurlitzer (8)
James Newton Howard : Fender Rhodes (2, 6, 7), Yamaha CS-80 (2), claviers électroniques (3, 7), piano acoustique (9)
Steve Lukather : guitare électrique (1, 3, 4, 6, 7, 9)
Reggie McBride : basse (1-4, 6-9)
Richie Zito : guitare acoustique (2, 7), guitare électrique (5, 8)

POCHETTE

George Osaki : direction artistique
Norman Moore : design et conception
Jim Shea : photographie

NOTES

Le titre fait référence au fait qu'il s'agit du 21ᵉ album du chanteur, alors âgé de 33 ans.

THE FOX

TRACKLIST

FACE A

1. Breaking Down Barriers
2. Heart in the Right Place
3. Just Like Belgium
4. Nobody Wins
5. Fascist Faces

FACE B

6. Carla/Etude
7. Fanfare
8. Chloe
9. Heels of the Wind
10. Elton's Song
11. The Fox

Enregistré au studio Super Bear, Nice (France) ; Sunset Sound Recorders, The Village Recorder et Devlon Studios, Los Angeles (États-Unis) ; studios Abbey Road, Londres (Angleterre)
Produit par Elton John, Chris Thomas & Clive Franks
Sortie 20 mai 1981
Label The Rocket Record Company, TRAIN 16
Meilleure place au hit-parade lors de sa sortie UK 12, US 21, CAN 43, AUS 2, FRA 5, GER 34, NOR 5

MUSICIENS CLÉS

Elton John : chant, chœurs (1, 2, 4, 5, 9), piano (1-3, 5, 6, 8-11), solo vocal sur « Breaking Down Barriers »
Dee Murray : basse (1, 3, 5, 9, 11), chœurs sur « Chloe »
James Newton Howard : synthétiseur (1-4, 7, 9, 10), vocoder (2), programmation (4, 10), Fender Rhodes (8), orgue Hammond (11)
Nigel Olsson : batterie (1, 3, 5, 9, 11)
Richie Zito : guitare (1, 3, 5, 9, 11)

POCHETTE

Richard Seireeni : direction artistique
Eric Blum : photographie
Terry O'Neill : photographie d'Elton John

Lors du tournage
d'un clip pour
son album *The Fox*,
chez lui, à Windsor,
le juin 1981.

JUMP UP!

TRACKLIST

FACE A

1. Dear John
2. Spiteful Child
3. Ball & Chain
4. Legal Boys
5. I Am Your Robot
6. Blue Eyes

FACE B

7. Empty Garden
8. Princess
9. Where Have All the Good Times Gone?
10. All Quiet on the Western Front

Enregistré aux AIR Studios, Montserrat (Antilles) et aux studios Pathé-Marconi, Paris (France)
Produit par Chris Thomas
Sortie 9 avril 1982
Label The Rocket Record Company, HISPD 127
Meilleure place au hit-parade lors de sa sortie UK 13, US 17, CAN 19, AUS 3, FRA 12, GER 47, NOR 3

MUSICIENS CLÉS

Elton John : chant, chœurs, piano, clavecin sur « Empty Garden »
Pete Townshend : guitare acoustique sur « Ball and Chain »
James Newton Howard : synthétiseurs, Fender Rhodes, arrangements de cordes et de cuivres
Dee Murray : basse, chœurs
Jeff Porcaro : batterie, percussions
Richie Zito : guitare

POCHETTE

David Costa : direction artistique
David Nutter : photographie

> L'un de nos plus mauvais albums... mais il y avait 'Empty Garden' dessus ; donc, ça en valait la peine rien que pour cette chanson.
>
> BERNIE TAUPIN

clip. Sorti en avril 1982, *Jump Up!* fit également du surplace, même si Chris Thomas était désormais bien installé dans son rôle de producteur. De nouveau, il frôla le Top 10 en Grande-Bretagne et aux États-Unis, avec pour seul single à succès l'émouvant « Blue Eyes », qui rappelait combien les mélodies d'Elton pouvaient résonner émotionnellement quand il était au meilleur de sa forme. Le monopole de Taupin et Osborne sur les paroles fut, cette fois, brisé par Tim Rice, parolier réputé qui avait coécrit « Legal Boys » et allait plus tard devenir un proche collaborateur d'Elton. Pete Townshend faisait une apparition sur « Ball and Chain ». « Empty Garden (Hey Hey Johnny) » de Taupin était un hommage au regretté John Lennon, qui avait été assassiné un an et demi auparavant et faisait référence aux moments qu'il avait passés avec Elton au Madison Square Garden. Taupin en écrivit les paroles le lendemain de la mort de Lennon. Il défendit par la suite cette chanson tout en descendant l'album. Dans une émission spéciale sur la radio Sirius en 2010, il rejeta *Jump Up!* en déclarant que c'était *« l'un de nos plus mauvais albums… mais il y avait 'Empty Garden' dessus ; donc, ça en valait la peine rien que pour cette chanson »*. Le magazine *Creem* faisait référence à Elton comme au *« Vieux Binoclard »*, mais suggérait que c'était son meilleur album de pop. Un concert à l'Hammersmith Odeon vit Elton vêtu d'un faux uniforme militaire scandaleux, de l'avis général, assorti d'une culotte de cheval et d'une casquette et il y eut de vives réactions quand, le chanteur envoyant valser son tabouret de piano comme à l'habitude, celui-ci vint frapper une jeune femme du premier rang qui fut légèrement blessée. Par la suite, Elton la rencontra et s'excusa, la couvrant de cadeaux.

Heureusement pour Bernie, Elton ainsi que les auditeurs, l'album suivant fut le fruit de véritables retrouvailles. Il réunit le groupe (Johnstone, Murray, Olsson, Cooper) et donna à Elton son premier album dans le Top 10 britannique depuis cinq ans. Mieux encore, il se maintint dans les classements britannique et US pendant plus d'un an. *Too Low for Zero* était une renaissance à la fois artistique et commerciale. Dans les notes de John Tobler pour sa réédition en 1998, Bernie affirma qu'il s'agissait d'un *« nouveau tournant, parce qu'il est arrivé dans la foulée des deux années précédentes pendant*

En uniforme militaire, à l'Hammersmith Odeon, Londres, décembre 1982.

lesquelles Elton et moi écrivions sporadiquement ensemble. On avait recommencé à travailler ensemble, mais ça a été la première fois qu'on s'impliquait complètement et ça a marché ». Elton tenait absolument à mettre ici l'accent sur le fait qu'il n'y avait jamais eu de querelle ou, en tout cas, pas comme la presse l'avait insinué. « *Dissipons cette idée fausse. Je vivais en Angleterre, Bernie vivait aux États-Unis, mais jamais, à aucun moment dans nos vies, nous ne nous sommes brouillés ou disputés. Ça n'a jamais, au grand jamais, été une séparation. C'était juste un sain éloignement. Si on n'avait pas eu cette pause, on n'aurait peut-être jamais pu tenir le coup.* »

En effet, Elton avait tenu le coup face au premier véritable hiver de sa carrière. Morose, la première chanson, « Cold as Christmas », laissait la place à l'hymne plein d'entrain « I'm Still Standing ». Trouver le chemin de ce retour en force n'avait pas été une partie de plaisir. « *Les drogues, le sexe et les liaisons vouées à l'échec étaient mon moyen de destruction* », avoua-t-il plus tard. Il y eut bon nombre de romances courtes et peu satisfaisantes. L'une d'entre elles fut avec Vance, le sujet de « Blue Eyes », qui mourut plus tard tragiquement du sida. Une autre avec Gary Clarke, qui raconta tout dans un livre. La cocaïne entravait le jugement d'Elton en ce qui concernait ses choix. L'entraîneur de Watford Graham Taylor fut d'une grande aide, faisant tout ce qu'il pouvait pour que cet ami proche improbable arrête l'alcool et la drogue. « *Il m'a ramené à la raison* », déclara le chanteur. Et d'après une interview qu'Elton accorda à *Rolling Stone* en 2002, l'ancien Beatles George Harrison lui fit aussi la leçon. Un soir à L.A., il vit Elton tenter de convaincre un Bob Dylan gêné et horrifié de porter du Versace tapageur et dit : « *Écoute, bon sang, vas-y doucement avec la poudre ! Ça ne te fera aucun bien.* » Gary Osborne a aussi raconté des scènes éprouvantes. Alors que les singles de disques comme *21 at 33* et *The Fox* ne parvenaient pas à enflammer le monde, la star vivait parfois en reclus, se perdant dans des parties de poker qui duraient toute la nuit avec Osborne.

Au même moment, Elton garda assez la tête sur les épaules pour jouer à l'invitation de la famille royale, les Windsor étant pratiquement ses voisins. La fête pour les 21 ans du Prince Andrew en juin 1981 au château de Windsor fut un premier pas dans ce qui serait bientôt une relation suivie avec la noblesse. Les journaux rapportèrent – avec peut-être un certain degré de spéculation – qu'il avait dansé toute la nuit avec la reine et la princesse Anne.

Cependant, « I'm Still Standing », une prophétie qui s'accomplissait d'elle-même, avait permis à l'image d'Elton d'être modifiée et revalorisée. C'était l'ère de la vidéo et le clip de Russell Mulcahy, tourné à Cannes et qui montrait Elton en une sorte d'aimable Charlie Chaplin au milieu de filles en maillot de bain, joua son rôle. Il aurait pu être meilleur si Elton n'était pas sorti après la première journée et n'avait pas tant bu avec le chanteur de Duran Duran Simon Le Bon

EN HAUT : Faisant la fête avec Rod et Alana Stewart à l'Élysée Matignon, Paris, 1981.

EN BAS : Avec les membres d'origine de son groupe, 1982. De gauche à droite : Davey Johnston (guitare), Elton John, Nigel Olsson (batterie) et Dave Murray (basse).

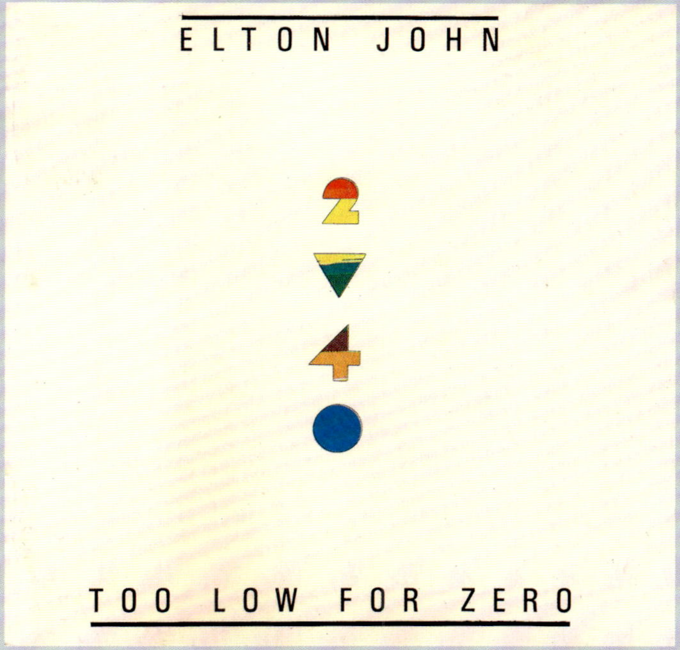

TOO LOW FOR ZERO

TRACKLIST

FACE A

1. Cold as Christmas (In the Middle of the Year)
2. I'm Still Standing
3. Too Low for Zero
4. Religion
5. I Guess That's Why They Call It the Blues

FACE B

6. Crystal
7. Kiss the Bride
8. Whipping Boy
9. Saint
10. One More Arrow

Enregistré aux AIR Studios, Montserrat (Antilles) et aux Sunset Sound Recorders,Hollywood (États-Unis)
Produit par Chris Thomas
Sortie 30 mai 1983
Label The Rocket Record Company, HISPD 24
Meilleure place au hit-parade lors de sa sortie UK 7, US 25, CAN 17, AUS 2, FRA 11, JPN 71, SPA 7, GER 5, NOR 6

MUSICIENS CLÉS

Elton John : piano (1-5, 8, 10), Fender Rhodes (1), synthétiseur (1-7, 9) clavinet (9), chant et chœurs
Davey Johnstone : guitare acoustique (1, 4, 5, 6, 9), guitare électrique (2-10) chœurs
Dee Murray : basse, chœurs
Nigel Olsson : batterie, tambourin sur « Whipping Boy », chœurs
Kiki Dee : chœurs sur « Cold as Christmas (In the Middle of the Year) »
Stevie Wonder : harmonica sur « I Guess That's Why They Call It the Blues »

POCHETTE

Rod Dyer : direction artistique
Clive Piercy : design

> *['I'm Still Standing' est]* **une super chanson à chanter... C'était un peu un geste de défi.**
>
> ELTON JOHN

CI-CONTRE : Toujours debout et souriant en Chine, 1983.
À DROITE : En concert à Irvine Meadows, Californie, septembre 1984.

qu'on raconte qu'il rentra résolu à effectuer un strip-tease devant la caméra, se roulant nu sur le sol et se réveillant le lendemain en se demandant pourquoi il avait autant de bosses et de bleus. Heureusement pour tout le monde, ces images n'ont jamais vu le jour. Elton n'a jamais aimé tourner des clips et ne voulait faire que le strict minimum, il commençait, à contrecœur, à comprendre leur importance à l'époque. Cela fonctionna et les qualités inhérentes de *Too Low for Zero* furent vendues à l'aide de ce concept.

« I'm Still Standing », aussi évident que ce choix ait pu sembler, ne fut pas le premier tube au Royaume-Uni. Ce fut « I Guess That's Why They Call It the Blues », dont la mélodie chantante était coécrite par Davey Johnstone, qui eut cet honneur, son refrain mémorable enjolivé par un charmant solo à l'harmonica de Stevie Wonder. « I'm Still Standing » fut toutefois la première sortie US et Elton en a gardé le souvenir comme d'une *« super chanson à chanter. À ce moment-là, j'étais en conflit avec ma maison de disques américaine* [Geffen] *et c'était un peu un geste de défi »*. Bizarrement, elle n'entra pas dans le Top 10 états-unien, bien que les deux singles se soient classés dans le Top 5 au Royaume-Uni, sa plus grande réussite depuis des années. « Kiss the Bride » suivit, son *riff* faisant vaguement écho à « The Bitch Is Back », tandis que « Cold as Christmas » (avec la participation de sa vieille copine Kiki Dee) sortit pour Noël 1983. Parmi les autres points forts de l'album, il y avait la performance vocale risquée de « Crystal » et « One More Arrow », plus pensive.

Gary Osborne avait l'impression que, même s'il comprenait le désir de réunir la vieille équipe, le rôle qu'il avait joué pour maintenir Elton la tête hors de l'eau et actif pendant ses années de semi-désert était sous-estimé par John Reid. *« À ce moment-là, Elton avait recommencé à tourner ; donc, l'argent entrait de nouveau dans les caisses et, en 1983, je n'avais plus aucune utilité. »* Taupin était ravie de la *« proximité et la compréhension »* retrouvées avec Elton ; cela ressemblait plus à la créativité de leurs productifs débuts. Il s'était remarié, avec Toni Lynn Russo, et avait ainsi trouvé de nouveaux sujets d'inspiration. Osborne prit ensuite les choses avec philosophie et confia au biographe d'Elton David Buckley : *« Je me tiens dans une maison achetée grâce à 'Blue Eyes' et je vois la mer. Je suis un sacré veinard. »*

La bulle punk avait éclaté et, l'année de *Thriller* de Michael Jackson, des stars comme Bowie, Rod Stewart et Elton reprenaient

YAMAHA

À GAUCHE :
Sur scène
en drag-queen,
Paris, mai 1984.

À DROITE :
Dans un costume
de Ma Mère
l'Oye au London
Palladium,
décembre 1984.

BREAKING HEARTS

TRACKLIST

FACE A
1. Restless
2. Slow Down Georgie (She's Poison)
3. Who Wears These Shoes?
4. Breaking Hearts (Ain't What It Used to Be)
5. Li'l 'Frigerator

FACE B
6. Passengers
7. In Neon
8. Burning Buildings
9. Did He Shoot Her?
10. Sad Songs (Say So Much)

Enregistré aux AIR Studios, Montserrat (Antilles)
Produit par Chris Thomas
Sortie 18 juin 1984
Label The Rocket Record Company, HISPD 25
Meilleure place au hit-parade lors de sa sortie UK 2, US 20, CAN 10, AUS 1, JPN 54, SPA 5, GER 5, NOR 7

MUSICIENS CLÉS
Elton John : piano (3, 4, 5, 7, 8, 9, 10), synthétiseur (1, 2, 3, 5, 6, 7, 9, 10), orgue Hammond (5), harmonium (6), Fender Rhodes (7), clavecin (7), clavinet (10), chant et chœurs
Davey Johnstone : guitare acoustique (2, 6, 7, 8, 10), guitare électrique (1-3, 5, 7, 8, 9), sitar (9), chœurs (1-4, 6-10)
Dee Murray: basse (1-3, 5-10), chœurs (1-4, 6-10)
Nigel Olsson : batterie (1-3, 5-10), chœurs (1-4, 6-10)
Andrew Thompson : saxophone (5)

POCHETTE
David Costa : direction artistique et design
Richard Young : photographie
Patrick Jones : band photographie

possession de leurs places au sommet de la cour des grands. Chris Thomas avait prouvé sa valeur et, avec l'appétit retrouvé d'Elton, la troupe se réunit dans les studios AIR à Montserrat pour commencer à travailler au disque suivant. Ce serait le dernier à compter tous les membres clés du groupe classique d'Elton John : le bassiste Dee Murray décéda en 1992 et Olsson ne joua plus de batterie sur un album d'Elton jusqu'en 2001. Ce fut aussi le dernier sur lequel Elton joua toutes les parties de clavier lui-même. Pour Thomas aussi, le temps était compté, Gus Dudgeon retrouvant le fauteuil de producteur avec l'opus suivant. Mais tout ceci était encore à venir et le groupe se lança dans une série de sessions détendues fin 1983 et début 1984. En fin de compte, *Breaking Hearts* fut une légère déception, avec « Sad Songs (Say So Much) » et « Passengers » pour meilleurs éléments, ces deux singles portant l'album à la 2e place au Royaume-Uni (et à la 20e aux USA). Ce que la plupart des gens retinrent du clip de cette dernière fut que, dans certaines scènes, Elton ne portait pas ses lunettes. « Passengers » était, en grande partie, basé sur un air populaire sud-africain, Phineas Mkhize partageant les crédits de composition. Cependant, ses clins d'œil à l'antiracisme et à l'anti-apartheid furent sapés par les quatre grands concerts donnés par la star avec Rod Stewart à Sun City, à deux heures au nord-ouest de Johannesburg, ignorant le boycott culturel de l'Afrique du Sud instauré par l'ONU.

Breaking Hearts est peut-être plus passé à la postérité en tant que bande-son d'un curieux épisode de la vie personnelle d'Elton. L'ingénieure du son allemande du chanteur, Renate Blauel, devint amie avec lui à Montserrat. Approchant de la trentaine, elle avait travaillé brièvement sur une session d'Elton à Londres auparavant et il insistait désormais pour qu'elle fasse partie de l'équipe. Elle était populaire, efficace, amicale. Tous ceux qui étaient concernés furent néanmoins surpris quand Elton les appela tout excité pour leur annoncer qu'il se mariait avec Renate. *« Elton John se marie ! »* s'écrièrent les gros titres, ce qui stupéfia la plus grande partie de ses amis et des membres de sa famille, étant donné sa sexualité pas vraiment secrète. Pourtant, ceux qui étaient proches du couple ont dit qu'ils avaient vraiment l'air d'être tombés amoureux l'un de l'autre. Elton voulait absolument des enfants. Le jour de la Saint-Valentin 1984, ils se marièrent en effet, à l'église St Mark de Sydney, avec l'ancien galant d'Elton, John Reid, pour témoin. Il y eut ensuite une réception coûteuse pour les membres de la tournée qui étaient partagés entre la joie et la perplexité. Il remercia Chris Thomas pour ses encouragements et son aide, ajoutant qu'il avait choisi l'Australie pour éviter (autant que possible) la presse britannique. Certains avancèrent la théorie légèrement cynique qu'il essayait de reconquérir des zones d'Amérique qui voyaient d'un mauvais œil l'homosexualité et la bisexualité. Mais ceux qui leur étaient proches mirent l'accent sur le fait qu'entre Renate et lui, il y avait une véritable amitié. Et amitié est peut-être le mot clé ici, malgré des débuts optimistes. La journaliste Nina Myskow interviewée pour la biographie de Philip Norman, *Sir Elton*, en 2002, affirme qu'Elton lui a dit que *« quand il a vu Renate venir vers lui dans l'église, il a pensé que c'était la plus belle chose qu'il ait vue de sa vie. Et il avait les larmes aux yeux en le disant »*. Elle ajouta : *« C'était une fille vraiment intelligente, pleine de vie, modeste et timide. Elle savait exactement comment s'y prendre avec Elton. Quand ils étaient ensemble, ils*

Mariage d'Elton et Renate Blauel, église St Mark, Sydney, le 14 février 1984.

étaient bien ensemble. » Elle insista sur le fait qu'il y avait un aspect physique à leur relation et, au début, il la couvrit de cadeaux et d'attention quand elle emménagea dans sa belle demeure de Windsor.

Il dit à David Wigg du *Daily Express* : « *J'avais tout, mais je n'avais rien. J'avais besoin de la stimulation d'un changement de vie, de la rendre plus gratifiante et partagée. Je me voyais déjà finir en excentrique, seul et extrêmement pointilleux, un peu comme Quentin Crisp. Sauf que je fais la poussière et pas lui. Je ne voulais pas de ça.* » Le mariage, disait-il, était « *fabuleux. Je suis très heureux et très amoureux. Je suis plus calme, moins dans la contradiction à présent, et plus raisonnable. Je ne fais plus tout à ma manière, mais c'est tellement agréable de rentrer chez soi et de vraiment partager des choses* ». Les compromis ont peut-être été plus faciles parce que Renate disposait de sa propre suite. « *Il y a une touche*

Je suis très heureux et très amoureux. Je suis plus calme, moins dans la contradiction à présent, et plus raisonnable.

ELTON JOHN

Elton et sa nouvelle femme Renate s'embrassent, 1984.

féminine et ça me plaît. » Il parlait souvent de son désir d'avoir des enfants. N'ayant pas aimé être fils unique, il insistait sur le pluriel. Toutefois, il était souvent en tournée, ce qui suggérait qu'il était plus facile de garder cette illusion idéalisée intacte s'ils n'étaient pas pris au piège d'une vie quotidienne à deux.

Des années plus tard, cependant, Elton repensa à ce mariage, qui dura quatre ans avant le divorce, et posta sur les réseaux sociaux: *« Je me suis marié, parce que je n'affrontais pas le véritable problème de ma vie – que j'étais un toxicomane. Je pensais que me marier allait changer tout ce mal de vivre provoqué par les drogues. Je me suis marié avec une femme merveilleuse qui m'aimait beaucoup. Je l'aimais, mais pas au sens physique. Je pensais que ça changerait. Je me disais : 'Maintenant, je vais être heureux.' Mais le problème, c'était que je continuais à me fourrer de la cocaïne plein le nez et à boire une bouteille de scotch par jour. Rien n'a changé. »* Des milliers de personnes l'aimaient quand il était sur scène, mais en privé, il ne ressentait rien, ou presque.

Le parcours du Watford FC jusqu'à la finale de la Coupe d'Angleterre en 1984 lui remonta le moral. Outsiders, ils perdirent

face à Everton, mais ce qu'Elton appela *« le plus beau jour de ma vie »* (quelques mois à peine après son mariage) l'émut à en verser des larmes de fierté. Et il était de retour au stade de Wembley l'été suivant pour un événement encore plus important. Le concert Live Aid, le 13 juillet 1985, fut une gigantesque collecte de fonds à l'initiative de Bob Geldof et Midge Ure et, avec des concerts ce jour-là à Philadelphie et dans le monde entier, il fut regardé par un total de téléspectateurs équivalent à environ 40 % de la population mondiale. Le gratin de la musique se mit en rang pour jouer, à la fois pour une juste cause et (pourraient dire les cyniques) pour un immense public captif.

Tout le monde se rappelle des performances légendaires à Wembley ce jour-là, avec Queen et U2 parmi les plus marquantes.

CI-CONTRE : En concert, au Madison Square Garden de New York, octobre 1984.

CI-DESSOUS : Au stade de Wembley après que son club, Watford, a perdu la finale de la FA Cup, le 19 mai 1984.

The Who, Bowie et Paul McCartney donnèrent aussi le meilleur d'eux-mêmes. Le set de vingt-cinq minutes d'Elton (deuxième sur l'affiche après McCartney et l'un des plus longs sets) fut présenté par son ami, le comique Billy Connolly, et comportait aussi des moments magiques, certains prévus, d'autres – comme une soudaine averse pendant ce qui avait été une journée très chaude et ensoleillée – échappant à son contrôle. Arborant une redingote rayée et brillante, il commença par « I'm Still Standing », « Bennie and the Jets » et « Rocket Man » avant d'être rejoint par Kiki Dee pour « Don't Go Breaking My Heart ». Ensuite George Michael entra en scène (ainsi que Andrew Ridgeley de Wham!, moins remarqué) pour « Don't Let the Sun Go Down on Me ». Six ans plus tard, une version live du concert de Michael au stade de Wembley, avec Elton dans le rôle de l'invité, fut n° 1 des deux côtés de l'Atlantique et nominée aux Grammy Awards.

Comme la plupart des groupes concernés, Elton essaya de tirer profit de la couverture médiatique du Live Aid avec un nouvel album et, avec le retour de Gus Dudgeon en tant que producteur et des chansons écrites par John et Taupin enregistrées au Sol Studio (The Mill), les choses semblaient bien parties. *Ice on Fire,* sorti en novembre, ne fit toutefois pas fondre le cœur des fans, connaissant un échec relatif en Amérique bien qu'ayant atteint le Top 3 en Grande-Bretagne. Il donna deux singles à succès, tous deux avec la participation de son nouveau meilleur pote, George Michael. « Nikita » était une étrange ballade qui décrivait un coup de cœur pour une garde-frontière d'Allemagne de l'Est inaccessible (pour des raisons géopolitiques). Son clip, réalisé par Ken Russell, comportait une scène de rêve dans laquelle Elton et « Nikita » portaient des maillots de football de

CI-DESSUS : Live Aid, stade de Wembley, le 13 juillet 1985. De gauche à droite : Bob Geldof, Adam Ant, Elton John, Gary Kemp, Tony Hadley et Midge Ure.

À DROITE : George Michael et Elton en coulisses après avoir chanté ensemble au Live Aid, Wembley.

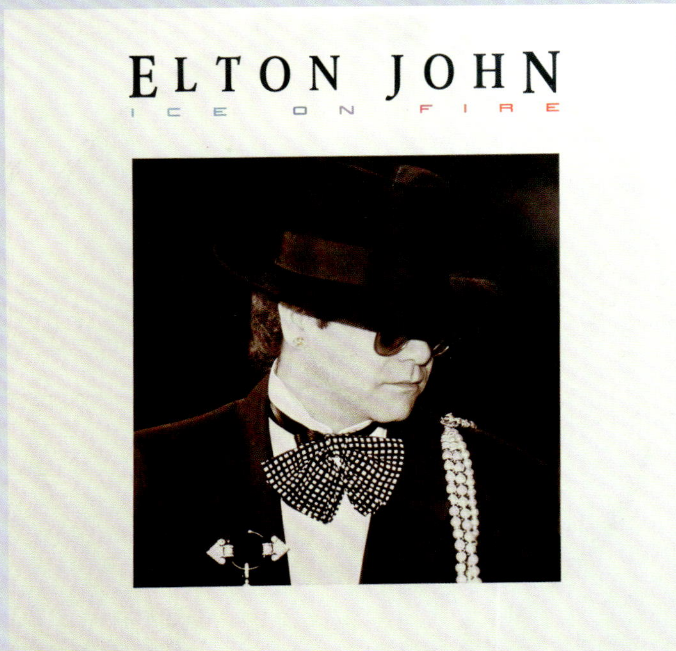

ICE ON FIRE

TRACKLIST

FACE A
1. This Town
2. Cry to Heaven
3. Soul Glove
4. Nikita
5. Too Young

FACE B
6. Wrap Her Up
7. Satellite
8. Tell Me What the Papers Say
9. Candy by the Pound
10. Shoot Down the Moon

Enregistré au SOL Studio (The Mill), Cookham (Angleterre) et aux CTS Studios, Wembley (Angleterre)
Produit par Gus Dudgeon
Sortie 4 novembre 1985
Label The Rocket Record Company, HISPD 26
Meilleure place au hit-parade lors de sa sortie UK 3, US 48, CAN 49, AUS 6, SPA 6, GER 5, NOR 2

MUSICIENS CLÉS

Elton John : chant, piano acoustique (1-3, 5, 8, 10, 11), piano Yamaha GS1 (4, 5), synthétiseur (4, 7, 9, 11), chœurs (4)
Davey Johnstone : guitare électrique (1, 3, 5, 6, 8, 9, 11), guitare espagnole (2), guitare synthé (2, 7), chœurs (3, 5, 6-9)
Deon Estus : basse (3, 7, 11)
Mel Gaynor : batterie (3, 7, 11)
Fred Mandel : synthétiseurs (1, 4, 5, 10, 11), claviers (2, 3, 6-9), séquenceur (6), guitare électrique (7, 11), claquements de doigt (7), arrangements (10)

POCHETTE

David Larkham : direction artistique et design
Terry O'Neill : photographie

NOTES

Sur la version CD sortie à l'époque figure un 11e titre en bonus track : « Act of War » (duo avec Millie Jackson).

Watford. Le fait que Nikita soit un nom masculin en Russie alimenta les ragots. Nik Kershaw se joignit à George pour les chœurs et joua de la guitare. Le suivant, « Wrap Her Up », un succès modeste, était sans doute plus intéressant, car il voyait Elton énumérer une liste de femmes glamour, de Marlene Dietrich et Rita Hayworth jusqu'à Joan Collins et, le datant un peu, Samantha Fox. George Michael dit à *Smash Hits* que son falsetto dessus *« sonnait comme si on avait garrotté ma quéquette ». Ice on Fire* était peut-être une opportunité manquée, Dudgeon en faisant des tonnes pour essayer de le faire sonner années 1980 (tout en boîtes à rythmes et claviers) au lieu de puiser dans les atouts de ses vieux compagnons de route.

Pourtant, en comparaison avec l'album d'octobre 1986, *Leather Jackets*, ce fut un triomphe. Celui-ci, de nouveau produit par Dudgeon, avec ce qui aurait dû être une équipe de choc – plus des interventions de Roger Taylor et John Deacon de Queen, un duo avec Cliff Richard (« Slow Rivers »), une chanson coécrite par Cher et une autre par Gary Osborne, de retour – fut le premier à ne pas parvenir à livrer un single dans le Top 40 depuis *Tumbleweed Connection*. En 2006, Elton en parla comme de celui qu'il aimait le moins, confiant à *Mojo* que « Gus a fait de son mieux, mais il est impossible de travailler avec un cinglé. » En 1997, il avait déclaré au même magazine : *« Un désastre complet. Je n'étais pas en grande forme. J'étais marié*

CI-DESSUS : Andrew Ridgeley (au centre) et George Michael (à droite) de Wham! avec Elton, en coulisse pour leur concert d'adieux intitulé *The Final*, stade de Wembley, Londres le 28 juin 1986.

À DROITE : Elton et Millie Jackson dans le clip de « Act of War », 1985.

et je m'envoyais un sachet de coke après l'autre. » Au temps pour le bonheur conjugal. Dudgeon dit à VH1 en 2000 qu'*« il y avait une vraie possibilité pour qu'il se liquide lui-même. Il sortait et prenait de la coke et il en avait plein la bouche, son nez coulait et j'étais là : 'Oh, mon Dieu ! C'est horrible.'* » Sans surprise, ce fut le dernier album studio d'Elton John produit par Gus et Chris Thomas prit de nouveau courageusement sa place deux ans plus tard pour faire le suivant. À ce moment-là, l'homme qui avait chanté toute sa vie pour se nourrir avait subi une opération des cordes vocales.

Il avait aussi connu de meilleurs moments pendant cette phase. Une version live orchestrale de « Candle in the Wind » avait enfin rencontré le succès en Amérique et Elton participa à « That's What Friends Are For », le single caritatif pour la recherche sur le sida sorti sous le nom de groupe de Dionne & Friends qui remporta le Grammy et fut le single le plus vendu aux États-Unis en 1986. Écrit par Burt Bacharach et Carole Bayer Sager, la chanson avait d'abord été enregistrée par Rod Stewart en 1982, mais réunissait ici Dionne Warwick, Stevie Wonder, Gladys Knight et Elton. Il permit de récolter plus de 3 millions de dollars pour la cause qu'il soutenait. N'ayant rien contre la poursuite du plaisir, Elton avait aussi travaillé avec Millie Jackson et, de manière peut-être plus surprenante, joué du piano sur un album des hard rockers à la grande descente Saxon. Il passa aussi dans l'émission de radio de la BBC *Desert Island Discs*, interviewé par Michael Parkinson et parlant avec candeur et cohérence de sa vie tout en choisissant des morceaux d'Elgar, Thelonius Monk et Nina Simone.

Il avait besoin de lâcher prise. Le mariage avec Renate n'était manifestement pas la panacée magique sur laquelle il avait fantasmé

LEATHER JACKETS

TRACKLIST

FACE A

1. Leather Jackets
2. Hoop of Fire
3. Don't Trust That Woman
4. Go It Alone
5. Gypsy Heart

FACE B

6. Slow Rivers
7. Heartache All Over the World
8. Angeline
9. Memory of Love
10. Paris
11. I Fall Apart

Enregistré aux Wisseloord Studios, Hilversum (Pays-Bas) ; CTS Studios, Wembley et au SOL Studio (The Mill), Cookham (Angleterre)
Produit par Gus Dudgeon
Sortie 15 octobre 1986
Label The Rocket Record Company, EJLP 1
Meilleure place au hit-parade lors de sa sortie UK 24, US 91, CAN 38, AUS 4, NLD 34, GER 21, NOR 12

MUSICIENS CLÉS

Elton John : chant, Yamaha GS1 (1, 8), piano (2, 4-6, 10), Roland JX-8P (2, 11), piano MIDI (3), Yamaha CP-80 (11)
Davey Johnstone : guitare acoustique (1-5, 7, 9), guitare électrique (2-11), chœurs (2, 4, 5, 7-10)
Fred Mandel : synthétiseur, programmation, séquenceur (1, 4, 7), Yamaha DX7 (2, 6, 9), Korg DW-8000 (3, 10), Roland JX-8P (4, 11), Roland Jupiter 8 (5, 6, 10, 11), Roland P60 (7, 9), Prophet 2000 (7), Fender Rhodes Yamaha TX816 (10), piano (11)
Charlie Morgan : batterie (2, 4, 6, 7, 9-11), percussions (4)
David Paton : basse (2, 3, 5, 9-11)

POCHETTE

David Costa : direction artistique et design
Gered Mankowitz : photographie

et sa consommation de drogue avait dérapé. D'autres mauvaises nouvelles étaient en chemin, mais rétrospectivement, il semble que la période de misère suivante l'ait poussé à se débarrasser de certaines de ces mauvaises habitudes.

La presse dépeignait avec cruauté le mariage d'Elton et Renate comme *« bancal »* presque quotidiennement, faisant sans cesse référence à son *« passé gay »*. On la voyait rarement en public avec lui, car elle ne l'accompagnait qu'occasionnellement aux cérémonies de remises de prix. Elle était à ses côtés quand il commença sa dernière série en date de quatre soirs au Madison Square Garden et ce fut durant ces concerts que sa voix commença à faiblir et à lâcher. Le dernier soir fut particulièrement délicat. Faisant bonne figure, il rentra à Londres et participa à l'émission de télévision de Terry Wogan vêtu d'une perruque jaune échevelée et de grandes ailes argentées. *« J'aurai 40 ans l'année prochaine,* raisonna-t-il. *Les gens s'attendent à ce que je me ridiculise. Et je le fais toujours. »* Cependant, au cours de la tournée australienne qui suivit, sa voix se brisa de nouveau. Des concerts furent annulés. Il ne pouvait même plus parler. Il finit par se laisser convaincre de consulter des spécialistes sérieux. On découvrit des nodules sur ses cordes vocales. Il confia à des amis qu'il avait peur, même s'il continuait de fanfaronner en public. Il appela sa mère. En janvier 1987, il fut opéré à Sydney et il apparut que les nodules étaient bénins. On lui dit, à son immense soulagement, qu'il se rétablirait complètement et que s'il récupérait convenablement, il pourrait de nouveau chanter librement. De bonnes nouvelles, même si les tabloïds s'intéressaient plus à l'absence de Renate à son chevet.

Cette hystérie sordide atteignit un sommet dans sa frénésie quand *The Sun* sortit un article à la une proclamant : *« Elton dans un scandale de mœurs. »* Mais le journal commit une erreur en mélangeant les dates. À l'une de celles à laquelle il accusait Elton d'un comportement scandaleux en Angleterre, celui-ci était à bord d'un avion de retour de New York. Cela exposa le journal à d'énormes poursuites. Il y eut des gens pour conseiller à Elton de ne pas le faire, comme Mick Jagger, qui pensait que *The Sun* ne ferait que doubler la mise.

C'est exactement ce qu'il fit quelques jours plus tard avec de nouveaux titres incendiaires, mais le *Daily Mirror* se rua au secours d'Elton, faisant savoir à ses lecteurs que la star se trouvait à plus de 8 000 kilomètres de *« l'orgie homosexuelle »* sur laquelle avait écrit *The Sun*. Et en 1988, Elton remporta le procès pour diffamation. *« J'ai gagné,* dit-il à Nina Myskow, comme le rapporte Philip Norman dans son livre *Sir Elton,* The Sun *va me verser un million de livres. »* Le journal publia aussi un gros titre en une : *« PARDON, ELTON. »*

Cette même année, comme par bravade, Elton acquit ses propres armoiries. Le cimier figurait des touches de piano, des disques et les couleurs du Watford FC. La devise disait, en espagnol, *« el tono es bueno »*, ce qui peut se traduire par « c'est le bon ton » tout en jouant sur son prénom. Plus tard, un casque d'acier à la visière ouverte vint indiquer son titre de chevalier.

La fête d'anniversaire pour ses 40 ans à Lockwell House dans le Hertfordshire fut luxueuse. De George et Ringo à Eric Clapton et Phil Collins en passant par Bob Geldof, de Richard Branson et Ken Russell

> **J'aurai 40 ans l'année prochaine. Les gens s'attendent à ce que je me ridiculise. Et je le fais toujours.**
>
> ELTON JOHN

À GAUCHE : Elton et Renate à la cérémonie de remise des Ivor Novello Awards, avril 1986,

CI-DESSOUS : Devant les attaques de la presse, Elton riposte, Londres, 1988.

au duc et à la duchesse d'York en passant par l'équipe de football de Watford, la liste d'invités était féerique. Il s'excusa de l'absence de Renate. Sous la pression de la presse, le bureau de John Reid annonça le lendemain qu'Elton et Renate avaient décidé de *« continuer à vivre séparément »*. Les journaux découvrirent rapidement qu'elle avait emménagé dans un coûteux appartement (payé par Elton) à Kensington. Ce n'était pas encore fini : il y avait encore une véritable affection au sein du couple. Mais en novembre 1988, c'était officiel : un divorce à l'amiable fut prononcé et ils conservèrent tous deux une certaine dignité, ne parlant l'un de l'autre qu'en termes élogieux.

À ce moment-là, Elton avait officiellement fait son coming out. L'album *Reg Strikes Back,* sorti en 1988, fut un moyen d'évacuer sa colère envers l'acharnement de la presse et si son classement dans le Top 20 au Royaume-Uni et aux États-Unis était médiocre, il confirmait que sa voix fonctionnait encore (bien que dans un registre considérablement plus grave à partir de là, à cause de l'opération) et qu'il ne se laisserait pas réduire au silence. « Mona Lisas and Mad Hatters, Part 2 » était une fascinante suite à celle qui la précédait sur *Honky Château,* tandis que « I Don't Wanna Go On with You Like That » fut n° 2 en Amérique. Ce fut le dernier album d'Elton avec Dee Murray avant sa mort en 1992.

L'album d'Elton en 1989, *Sleeping with the Past,* s'appuya sur cette démonstration de ténacité et de résistance. À son grand plaisir, « Sacrifice » lui donna son premier single n° 1 au Royaume-Uni et l'album, influencé par la soul et le R'n'B, fit peu de cas des

DE GAUCHE À DROITE ET DE HAUT EN BAS : Avec un look d'enfer à Sydney, 1987 ; Bernie Taupin, Cher, Whoopi Goldberg et Elton John aux MTV Video Music Awards, 1987 ; Sur scène pendant un gala de bienfaisance pour The Prince's Trust[4], stade de Wembley, Londres, juin 1987 ; Le lendemain des 40 ans d'Elton, Lockwell House, le 27 mars 1987.

REG STRIKES BACK

TRACKLIST

FACE A

1. Town of Plenty
2. A Word in Spanish
3. Mona Lisas and Mad Hatters, Part Two
4. I Don't Wanna Go On with You Like That
5. Japanese Hands

FACE B

6. Goodbye Marlon Brando
7. The Camera Never Lies
8. Heavy Traffic
9. Poor Cow
10. Since God Invented Girls

Enregistré aux AIR Studios et aux Westside Studios, Londres (Angleterre) ; Circle Seven Recording et The Record Plant, Los Angeles (États-Unis)
Produit par Chris Thomas
Sortie 24 juin 1988
Label The Rocket Record Company, EJLP 3
Meilleure place au hit-parade lors de sa sortie UK 18, US 16, CAN 6,AUS 12, FRA 30, ITA 3, GER 18, NOR 8

MUSICIENS CLÉS

Elton John : claviers, chœurs, chant et harmonies vocales
Fred Mandel : synthétiseur
Davey Johnstone : guitare, chœurs
Pete Townshend : guitare acoustique sur « Town of Plenty »
David Paton : basse
Charlie Morgan : batterie

POCHETTE

David Costa : direction artistique et design
Gered Mankowitz : photographie

Elton John à une vente aux enchères de ses objets de collection à Sotheby's, Londres, 1988.

KEEP YOUR TAIL UP
GOING
ONLY
VAGABOND
KING

SLEEPING WITH THE PAST

TRACKLIST

FACE A
1. Durban Deep
2. Healing Hands
3. Whispers
4. Club at the End of the Street
5. Sleeping with the Past

FACE B
6. Stone's Throw from Hurtin'
7. Sacrifice
8. I Never Knew Her Name
9. Amazes Me
10. Blue Avenue

Enregistré aux Puk Recording Studios, Randers (Danemark)
Produit par Chris Thomas
Sortie 29 mars 1989
Label The Rocket Record Company, EJLP 4
Meilleure place au hit-parade lors de sa sortie UK 1, US 23, CAN 23, AUS 2, FRA 2, ITA 6, GER 9, NOR 4, SPA 3

MUSICIENS CLÉS

Elton John : claviers, chant et harmonies vocales, chœurs (1)
Guy Babylon : claviers
Davey Johnstone : guitare, chœurs (1, 2, 4, 5, 6, 8, 9, 10)
Fred Mandel : claviers (1, 2, 3, 5, 7, 9, 10), guitare (1, 4, 8), orgue (4), solo de guitare (6)
Romeo Williams : basse
Jonathan Moffett : batterie

POCHETTE

Wherefor Art? : direction artistique et design
Herb Ritts : photographie

critiques mitigées et égala cette position au hit-parade. Devenant disque de platine, ce fut le premier album entièrement composé par John et Taupin (sans l'intervention d'aucun autre auteur) depuis *Captain Fantastic*. « Sacrifice » est une chanson inattendue pour sauver une carrière ; au premier abord, c'est une paisible ballade quelconque, un produit de son époque. Cependant, son

CI-DESSOUS : Look angélique et psychédélique avec mohawk, Londres 1988.

À DROITE : Sur scène à New York, 1988.

héritage, mélange subtil d'Aretha et de Percy Sledge, lui donne une charge émotive, qui trouva à l'évidence une résonance dans un public désireux de voir en Elton un champion, étant donné sa posture courageuse face à la presse. Certains lui trouvèrent des airs de « Your Song ». Bernie Taupin a déclaré que c'était l'une des meilleures chansons écrites par le duo.

Dans tous les sens de l'expression, elle était lente au démarrage et elle ne décolla qu'en 1990. Après des années 1980 parfois exubérantes, mais souvent douloureuses, Elton était plus que toujours debout. Ce véritable battant avait gagné l'affection renouvelée du public, battu les brutes de Fleet Street[5] et jouissait de son tout premier single n° 1 dans son pays natal alors qu'une nouvelle décennie commençait. Il était prêt à reprendre sa vie en main. Elle allait se montrer plus tendre avec lui.

---

1. Littéralement, « Je suis toujours debout » ou « Je suis encore debout ».
2. « Content d'être gay », titre de l'une des chansons de Tom Robinson.
3. « La Chanson d'Elton ».
4. Important organisme caritatif fondé par le prince Charles en 1976, dont le but est d'aider des jeunes en difficulté ayant besoin de soutien.
5. Surnom de la presse britannique, d'après la rue londonienne où se trouvaient les bureaux des principaux journaux.

À Paris
pendant
sa tournée
*Reg Strikes
Back*,
mars 1989.

Elton John assiste à la cérémonie des Victoires de la musique à Paris, février 1990.

8

ENGLAND'S ROSE[1]

On ne peut pas faire beaucoup mieux que ça. J'ai eu une longue carrière et j'ai travaillé dur. Mais je pense que le tournant s'est fait en 1990, quand j'ai arrêté les drogues et l'alcool et décidé de me lancer dans des œuvres caritatives, en particulier pour le problème du sida. Un titre de chevalier, c'est la cerise sur le gâteau.

ELTON JOHN

Grâce à la puissance subtile de « Sacrifice » qui resta à la première place pendant six semaines, Elton était vraiment, pour ainsi dire, de retour, sa productivité égalant de nouveau presque sa célébrité. Son intervention dans la reprise live par George Michael de « Don't Let the Sun Go Down on Me » lui donna un autre n° 1 un an plus tard (à la fois aux États-Unis et au Royaume-Uni) et il remporta le Brit Award du Meilleur artiste solo britannique dans la catégorie hommes. Ce fut la décennie au cours de laquelle il se lança dans un important travail caritatif et remporta un Oscar, une entrée au Hall of Fame, un titre de chevalier, des disques en tête des ventes et un nouveau compagnon de vie, mais au fil du temps, il y aurait également quelques défis.

Avec de nouveau John Reid pour manager pendant un moment, en juin 1992, il sortit *The One,* après des sessions à Paris au studio Guillaume Tell, avec Chris Thomas à la production. La pochette était de Gianni Versace et l'album dédié à Vance Buck, entrepreneur américain dans les domaines de la mode et de la nuit qui avait eu une longue relation avec le chanteur, lui inspirant « Blue Eyes ». Ils avaient été présentés l'un à l'autre par Andy Warhol à New York à la fin des années 1970. Diagnostiqué séropositif en 1986, Buck était désormais souffrant et il mourut un mois après l'hommage que lui rendit *The One.* L'effet de l'album fut nuancé par l'étrange décision de focaliser l'attention sur le duo avec Eric Clapton, « Runaway Train » et les dates qui allaient avec, Elton devenant membre à temps partiel du groupe de scène de Clapton. Sinon, la chanson-titre, « The Last Song » et « Simple Life » étaient des tubes cohérents. C'était cependant un album de John et Taupin, avec la participation de Davey Johnstone, Nigel Olsson et Kiki Dee, sans parler de David Gilmour de Pink Floyd sur « Understanding Women ».

Au moins, comme il l'a reconnu, désormais abstinent (d'alcool et de drogues), Elton se rappela avoir enregistré celui-ci. Il avait entrepris une cure de désintoxication sérieuse après un nouveau retour de ses addictions et avait, en plus, souffert de boulimie. Autour de ce dernier problème, il avait fini par se lier d'amitié avec la princesse Diana, qui lui offrit des conseils tirés de sa propre expérience. Et c'est peut-être cette nouvelle vie saine qui a convaincu Warner/Chappell Music, en novembre 1992, de donner à Elton et à Bernie Taupin la plus grande avance de l'histoire de l'édition musicale à l'époque. Ils signèrent leur contrat pour une somme annoncée de 40 millions de dollars sur douze ans. Le *Los Angeles Times* en parla comme de *« plus de deux fois la plus haute avance précédente »,* qui aurait été accordée à Prince plus tôt cette année-là. La société achetait ainsi les droits de tout le catalogue du duo depuis 1974, plus les chansons des albums à venir. Dans une formule sobre pour lui, Elton expliqua avec simplicité et diplomatie : *« J'ai toujours eu de très bonnes relations avec Warner/Chappell et je suis très content de ce qu'a donné ce contrat. »* Les fans réagirent positivement au fait que cela l'obligeait à écrire avec Bernie pendant quelque temps.

Sa notoriété ne baissait pas. Ce printemps-là, il avait fait une apparition au concert en hommage à Freddie Mercury au stade de Wembley, chantant « The Show Must Go On » de Queen avec les membres restants du groupe et participant à l'interprétation par un éventail de stars de « Bohemian Rhapsody ». Mercury était mort de complications liées au sida fin 1991. David Bowie, George Michael, Roger Daltrey, Robert Plant, Axl Rose et Slash de Guns N' Roses ou Annie Lennox étaient parmi ceux qui saluèrent sa mémoire devant une foule de 71 000 personnes et les téléspectateurs de 76 pays.

DOUBLE PRÉCÉDENTE : Sur scène au Madison Square Garden, octobre 1998.

CI-CONTRE : Affiche pour le concert d'Elton John et Eric Clapton au stade de Wembley, juin 1992.

THE ONE

TRACKLIST

1. Simple Life
2. The One
3. Sweat It Out
4. Runaway Train
5. Whitewash County
6. The North
7. When a Woman Doesn't Want You
8. Emily
9. On Dark Street
10. Understanding Women
11. The Last Song

Enregistré au studio Guillaume Tell, Paris, France
Produit par Chris Thomas
Sortie 22 juin 1992
Label The Rocket Record Company, 512 360-2
Meilleure place au hit-parade lors de sa sortie UK 2, US 8, CAN 7, AUS 2, FRA 1, ITA 1, GER 1, NOR 2, SPA 4, JPN 35

MUSICIENS CLÉS

Elton John : claviers, chant
Davey Johnstone : guitare (2-5, 7-9), chœurs (7, 9)
Olle Romo : batterie, percussions, programmation (1-10)
Pino Palladino : basse (1-8, 10)
Mark Taylor : claviers (1-3, 6, 7)
Guy Babylon : claviers, programmation (2-5, 7-11)
Adam Seymour : guitare (1, 2, 6, 7)

POCHETTE

Gianni Versace : direction artistique et design
Patrick Dermarchelier : photographie

Les bénéfices allèrent à la fondation pour la lutte contre le sida The Mercury Phoenix Trust.

Sa relation avec Guns N' Roses fut inattendue mais stable pendant une courte période : étrange duo, Elton et Axl se lièrent d'amitié et, lors des MTV Video Music Awards en 1992, le Britannique se joignit aux rockers américains à l'ascension fulgurante pour une version de leur chanson « November Rain ». En effet, il développait de nouveaux réseaux partout, formant des amitiés avec des stars anciennes et nouvelles. Pour le confirmer, il y eut *Duets,* l'album de 1993 sur lequel il s'associa sur des classiques de soul et de pop avec tout le monde, du héros de sa jeunesse Little Richard au subversif groupe de hip-hop P.M. Dawn, populaire à l'époque. Entre les deux, montrant la puissance d'attraction exercée par Elton sur les stars, on trouvait des duos avec des grands tels que Leonard Cohen, Gladys Knight, Tammy Wynette et la fameuse collaboration avec George Michael arrivée en tête des charts. Également impliqués, formant une série presque surréaliste de noms caracolant dans l'industrie, on trouvait Don Henley, Nik Kershaw, Paul Young, k.d. lang, Marcella Detroit, Bonnie Raitt, Chris Rea, Kiki Dee – avec laquelle il chantait « True Love » de Cole Porter, qui leur donna une entrée dans le Top 3 – et RuPaul (qui livra une nouvelle approche du rôle de Kiki dans « Don't Go Breaking My Heart »). Comme si cela ne suffisait pas, parmi les producteurs, différents à chaque chanson, on comptait Giorgio Moroder, Stevie Wonder, Narada Michael Walden et Don Was. Et là où Frank Sinatra faisait un album du même type sans même rencontrer la plupart de ses partenaires de chant, Elton le fit en étant présent en studio avec eux pour chaque titre. Les moments où ses nouveaux meilleurs amis sont vraiment en phase musicalement avec son nouveau style AOR[2] sont rares, mais ils faisaient preuve de bonne volonté. Il avait beau tout essayer (dans tous les genres) ici, cela ne fonctionna que dans la mesure où, alors qu'il devenait tranquillement disque d'or aux États-Unis

À GAUCHE : Elton et Axl Rose jouant sur scène au Freddie Mercury Tribute Concert, le 20 avril 1992.

AU CENTRE : Elton et Brian May à l'enterrement de Freddie Mercury, novembre 1991.

À DROITE : La couronne de fleurs d'Elton pour Freddie : *« Merci d'avoir été mon ami, je t'aimerai toujours. »*

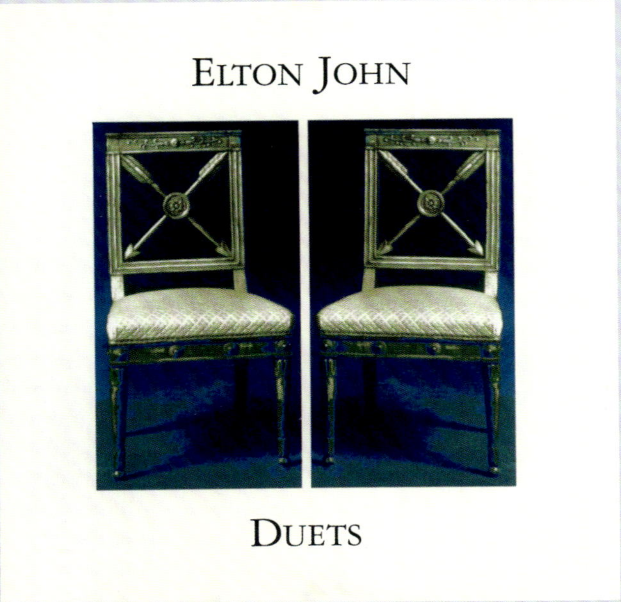

DUETS

TRACKLIST

1. Teardrops (with k.d. lang)
2. When I Think About Love (I Think About You) (with P.M. Dawn)
3. The Power (with Little Richard)
4. Shakey Ground (with Don Henley)
5. True Love (with Kiki Dee)
6. If You Were Me (with Chris Rea)
7. A Woman's Needs (with Tammy Wynette)
8. Old Friend (with Nik Kershaw)
9. Go On And On (with Gladys Knight)
10. Don't Go Breaking My Heart (with Ru Paul)
11. Ain't Nothing Like the Real Thing (with Marcella Detroit)
12. I'm Your Puppet (with Paul Young)
13. Love Letters (with Bonnie Raitt)
14. Born to Lose (with Leonard Cohen
15. Don't Let the Sun Go Down on Me (with George Michael)
16. Duets for One

Enregistré à Ocean Way Recording, Conway Recording Studios & Capitol Studios, Hollywood ; A&M Studios & Wonderland Studios, Los Angeles ; Tarpan Studios, San Rafael ; Soundtrack Studios, New York ; Bosstown Recording Studio, Atlanta ; Woodland Studio, Nashville ; SOL Studios, Cookham ; The Town House, Londres ; studios Olympic, Londres & Wembley Arena, Londres, Angleterre
Produit par Barry Beckett, P.M. Dawn, Stuart Epps, Don Henley, Elton John, Nik Kershaw, Steve Lindsey, George Michael, Giorgio Moroder, Greg Penny, Chris Rea, Chris Thomas, Don Was, Narada Michael Walden et Stevie Wonder
Sortie 23 novembre 1993
Label The Rocket Record Company, 518 478-2
Meilleure place au hit-parade lors de sa sortie UK 5, US 25

MUSICIENS CLÉS

Elton John : piano, claviers, chant
Dean Parks : guitare (1, 3, 14, 16), *lap steel guitar* (14)

POCHETTE

Brian Aris, Brad Branson, Mark Contratto, Paul Cox, Robert Goldstein, Stephen Harvey, Dominique Issermann, Harry Langdon, Sophie Muller, Hideo Odia, Albert Sanchez, Randee St. Nicholas, Allan Titmuss, Albert Watson and Firooz Zahedi : photographie

(toujours son marché cible prioritaire), il stagna à la 7e place au Royaume-Uni. « Go On and On[3] », chantait-il avec Gladys Knight et c'est ce qu'il allait faire en transférant son énergie vers de nouvelles zones de travail fertiles. Car il se lançait dans trois nouveaux domaines d'intérêt qui allaient lui changer la vie. Il s'agissait d'établir des relations plus proches avec Hollywood, de la Elton John AIDS Foundation et de sa rencontre avec David Furnish.

En 2012, Elton déclara à *The Independent* qu'il avait pris des risques pendant les années 1980 et qu'il s'estimait chanceux de ne pas avoir contracté le VIH pendant la tragique épidémie de sida. Après avoir travaillé sur le single caritatif « That's What Friends Are For » avec Dionne Warwick et d'autres en 1986, il s'était de plus en plus intéressé à ce qui pouvait être fait pour aider à lutter contre ce problème. Il avait joué « Skyline Pigeon » à l'enterrement de son ami Ryan White en 1990, s'était impliqué dans les hommages à Freddie Mercury et il voulait désormais mettre sa renommée et son carnet d'adresses au service de cette cause et jouer un rôle actif. Donc, en 1992, il fonda la Elton John AIDS Foundation, une organisation caritative destinée à réunir des fonds pour financer des programmes de prévention et lutter contre les préjugés et la discrimination à l'encontre des individus atteints du sida. Peut-être n'en avait-il pas encore pleinement conscience à l'époque, mais il allait se passionner pour cette cause. Pour recevoir des dons et sensibiliser le public, l'un de ses moyens les plus importants fut la mise en place d'une fête annuelle le soir de la cérémonie des Oscars. C'est devenu l'une des soirées phares de cette scène et elle a permis de récolter des centaines de millions de dollars.

Aussi fréquentée par les célébrités que soit cette fête, ce n'est pas la seule qu'il donne pour la fondation. Dans sa somptueuse demeure d'Old Windsor, il accueille tous les ans le White Tie & Tiara Ball, qui est un autre incontournable pour le gratin (membres de la famille royale, acteurs, chanteurs) ou ceux qui aimeraient en faire partie. En 2007, par exemple, une vente aux enchères menée là-bas par Stephen Fry a récolté des millions grâce à des lots comprenant une Rolls-Royce et une œuvre originale de Tracey Emin. (Pour couronner la soirée, Elton chanta « Delilah » avec Tom Jones et « Big Spender » avec Shirley Bassey.)

1993 fut une bonne année pour la vie amoureuse auparavant tumultueuse d'Elton, ressuscité. Après de nombreuses relations ratées ou fugaces, il rencontra le réalisateur canadien David Furnish. De quinze ans le cadet d'Elton, Furnish naquit à Toronto en 1962 et travaillait pour l'agence de publicité Ogilvy & Mather quand il fut nommé au conseil d'administration à Londres. Sa rencontre fatidique avec Elton mena à une relation qui dure depuis un quart

EN HAUT : Elton avec Jeanne White, mère de Ryan White, atteint du sida, avril 1990.

EN BAS : Elizabeth Taylor, deuxième en partant de la droite, et Elton, à droite, sont rejoints sur scène par, de gauche à droite, George Michael, Whoopi Goldberg et Lionel Richie, pour le finale d'un concert au profit de la Elizabeth Taylor AIDS Foundation, au Madison Square Garden, le 11 octobre 1992.

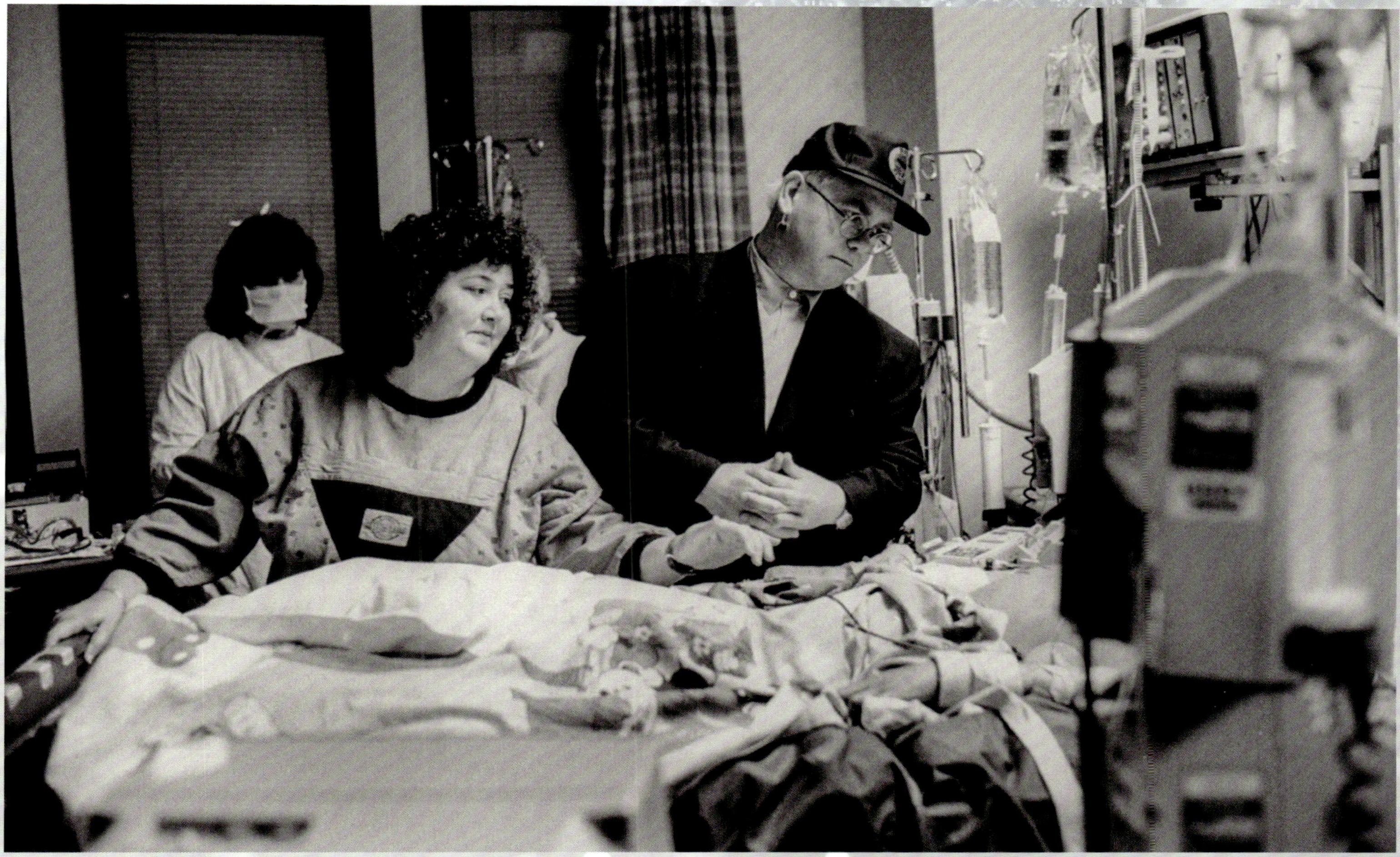

‘Partenaire’ est un mot qui devrait être réservé aux gens avec qui on joue au tennis ou aux côtés desquels on travaille. C’est loin de décrire l’amour que j’ai pour David et celui qu’il a pour moi. En revanche, ‘mari’ le fait.

ELTON JOHN

À GAUCHE : Elton et David Furnish aux Golden Globe Awards 1995, Beverly Hills, Californie.

AU CENTRE : David Furnish et Elton à la cérémonie de leur union civile, Windsor, Angleterre, le 21 décembre 2005.

À DROITE : David Furnish, *Tantrums and Tiaras,* 1997.

de siècle et se poursuit. Le couple contracta une union civile le 21 décembre 2005 – le premier jour où ce type d'union fut légalisé en Angleterre – après qu'Elton lui eut fait sa demande six mois plus tôt chez eux à Old Windsor. Pour le neuvième anniversaire de cette date, en 2014, les lois ayant évolué, ils transformèrent cette union civile en mariage, ce qui donna lieu à une autre cérémonie à Windsor. Entre ces deux dates, ils ont eu deux enfants en faisant appel à une mère porteuse. Le premier, Zachary Jackson Levon Furnish-John, vit le jour en décembre 2010 en Californie. En janvier 2013, leur deuxième fils, Elijah Joseph Daniel Furnish-John, fut mis au monde par la même mère.

Furnish est devenu un producteur de films renommé et il réalisa en 1997 le documentaire sur Elton *Tantrums and Tiaras,* dont nous reparlerons bientôt. Il fut producteur exécutif sur le film récompensé, *Billy Elliot* – dont la première eut lieu dans le West End en 2005 –, pour lequel son futur mari composa la musique. Tout ne fut pas toujours rose. En 2008, Elton reçut quelques attaques pour avoir exprimé une préférence pour l'union civile plutôt que le mariage pour les homosexuels. En 2012, cependant, il avait changé d'avis, faisant l'éloge du mariage entre personnes de même sexe. *« Il y a un monde entre le fait d'appeler quelqu'un son "partenaire" et celui de l'appeler son "mari",* expliqua-t-il à *The Independent. "Partenaire" est un mot qui devrait être réservé aux gens avec qui on joue au tennis ou aux côtés desquels on travaille. C'est loin de décrire l'amour que j'ai pour David et celui qu'il a pour moi. En revanche, "mari" le fait. »* (Deux ans plus tard, il alla plus loin, déclarant que Jésus aurait été en faveur du mariage homosexuel. En 2010, il s'attira les foudres de la droite chrétienne américaine en parlant de Jésus comme d'*« un homme gay plein de compassion et super intelligent ».*)

Au début et au milieu des années 1990, savourant l'éclosion de son nouvel amour et une santé retrouvée, Elton avait le vent en poupe et devenait, en quelque sorte, un homme de la Renaissance.

CI-CONTRE : Première de *Le Roi lion* suivie d'une fête, Londres, le 7 octobre 1994.

CI-DESSOUS : Au travail avec le parolier Tim Rice, pendant l'enregistrement du *Roi lion*, 1994.

À DROITE : Elton joue sa chanson « Can You Feel the Love Tonight » qui remporta l'Oscar lors de la 67e cérémonie, Los Angeles, le 27 mars 1995.

EN BAS, À DROITE : Avec Tim Rice, en train de fêter leur Oscar, 1995.

Oublions les Grammy Awards, il était sur le point d'empocher un Oscar. Avec Tim Rice, il écrivit les chansons du mythique dessin animé de Disney en 1994, *Le Roi lion*. À la 67e cérémonie des Oscars, trois des cinq chansons nominées étaient tirées de ce film. Ce fut « Can You Feel the Love Tonight » qui gagna (et rapporta un Grammy à Elton en prime). « Circle of Life » eut également un grand succès, « Hakuna Matata » devint une expression courante et la bande originale trôna en tête des classements *Billboard* pendant neuf semaines, se vendant finalement à plus de 15 millions d'exemplaires. « I Just Can't Wait to Be King[4] », suggérait une autre chanson de John et Rice tirée de cette partition et Elton semblait bien être assis sur un nouveau trône au sommet du monde du spectacle. Quant au dessin animé, non content d'être le film en animation traditionnelle qui rapporta le plus d'argent de l'histoire du cinéma, il fut aussi sélectionné pour entrer à l'US National Film Registry pour son *« importance culturelle, historique ou esthétique »*. Un remake en images de synthèse est sorti à l'été 2019, mais *Le Roi lion* était et reste un véritable phénomène de la culture populaire.

CI-CONTRE : Elton et Bernie après leur entrée au Rock & Roll Hall of Fame, Cleveland, Ohio, le 19 janvier 1994.

À DROITE : Recevant sa récompense pour Contribution remarquable à la musique aux Brit Awards, le 20 février 1995.

Si d'aucuns pouvaient se plaindre qu'Elton John se soit vendu et soit devenu un chanteur de variétés (et c'était le cas), cet argument fut contrebalancé par son entrée au Rock & Roll Hall of Fame cette même année. Sa crédibilité rock monta en flèche quand Axl Rose – un choix curieux – le présenta pour cet honneur, déclarant dans son discours : *« Pour moi, comme pour bien d'autres, personne n'a été une plus grande source d'inspiration qu'Elton John. Quand on parle des grands duos du rock comme Jimmy Page et Robert Plant, Lennon et McCartney, Mick et Keith, j'aime penser à Elton John et Bernie Taupin. Je pense que ce soir il faudrait aussi rendre hommage à Elton pour son grand travail et sa contribution à la lutte contre le sida. Et aussi à son courage pour exposer tous les triomphes et tragédies de sa vie privée. »* Un Elton rajeuni, à la mine splendide, tout de blanc vêtu rendit hommage à Winifred Atwell dans son discours de remerciements.

En 1995, il ajouta à sa collection le Brit Award de Contribution remarquable à la musique et profita du succès d'un autre album dans le Top 3 avec sa 24e sortie studio, *Made in England.* Dédié à David Furnish et coproduit par Elton lui-même et Greg Penny, c'était une série de chansons entièrement de John et Taupin dont le morceau-titre était de nouveau basé sur leur don pour l'autobiographie, bien que dans un style plus impressionniste que sur *Captain Fantastic*, finement détaillé. « Made in England » ne faisait cependant pas appel à un souvenir très positif, rappelant les difficultés qu'il y a à grandir et lançant quelques attaques de choix à ce qu'Elton et Bernie voyaient

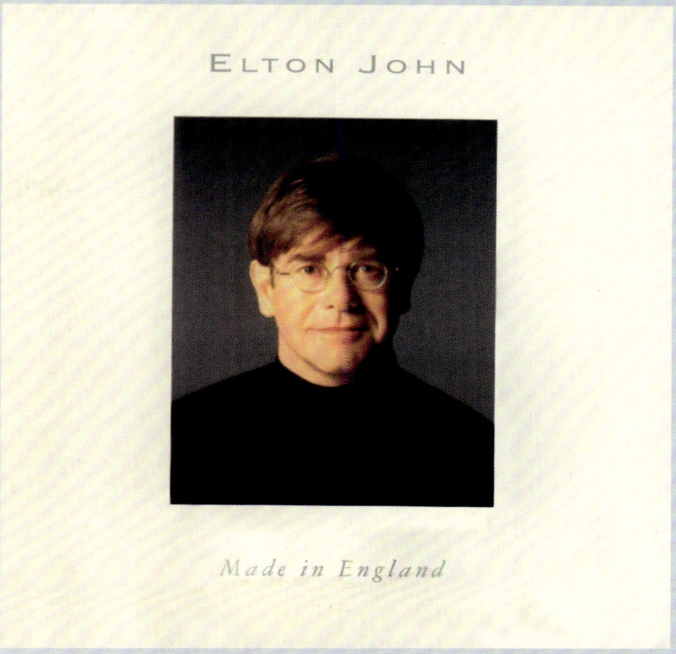

MADE IN ENGLAND

TRACKLIST

1. Believe
2. Made in England
3. House
4. Cold
5. Pain
6. Belfast
7. Latitude
8. Please
9. Man
10. Lies
11. Blessed

Enregistré aux AIR Studios, Londres (Angleterre)
Produit par Greg Penny & Elton John
Sortie 20 mars 1995
Label The Rocket Record Company, 526 185-2
Meilleure place au hit-parade lors de sa sortie UK 3, US 13, CAN 3, AUS 6, FRA 2, ITA 4, GER 3, NOR 4, SPA 3, JPN 13

MUSICIENS CLÉS

Elton John : piano, claviers, harmonium, chant et chœurs, arrangements de cordes (9)
Guy Babylon : claviers, programmation, chœurs (8), arrangements de cordes (9)
Bob Birch : basse, chœurs (8)
Paul Buckmaster : arrangements orchestraux et chef d'orchestre (1, 3, 4, 6)
Davey Johnstone : guitar, mandoline, banjo, chœurs (8)
Charlie Morgan : batterie

POCHETTE

Wherefore Art? : direction artistique et design
Greg Gorman : photographie

comme les défauts du pays. Elle laissait entendre comment un amour du piano et Little Richard avaient permis au garçon de tenir le coup, abordant les vexations de cour d'école, puis l'amitié entre Elton et Bernie qui les aida tous deux à développer un sentiment d'appartenance. Puis, il y avait une remarque désobligeante, vraisemblablement envers *The Sun,* et une référence au fait de dépasser l'homophobie perpétuelle en Angleterre. On a le sentiment que le duo d'auteurs se livra ici à une catharsis libératrice. « Believe » – que la star joua aux Brit Awards en 1995 – connut un modeste succès dans le monde entier et son mémorable clip en noir et blanc nous demandait de croire qu'Elton survolait New York et Londres à bord d'un zeppelin. « Belfast » était une lettre d'amour à l'Irlande du Nord. Cet album fut le premier sur lequel figurait le bassiste Bob Birch et fut aussi remarquable pour le retour de Paul Buckmaster comme orchestrateur sur quatre morceaux, tandis que George Martin arrangea « Latitude ».

Il y eut, bien entendu, des caprices de diva de temps en temps. Quand une femme eut l'audace de faire signe en criant *« Youhou ! »* pendant qu'Elton jouait au tennis, il se rua hors du court, fâché, en grommelant : *« Je ne reviendrai jamais dans le Sud de la France ! »* Les activités reprirent, Elton poursuivant sa série de collaborations en enregistrant un single, « Live Like Horses » avec Luciano Pavarotti. La compilation *Love Songs* devint disque de platine et, début 1997, Elton fêta ses 50 ans en beauté. Il ne fit vraiment pas dans la simplicité avec la tenue qu'il porta pour la fête qu'il donna, étant à la hauteur des attentes en se parant d'un costume de Louis XIV. Cependant, pour ce Roi-Soleil, des nuages bouchaient l'horizon.

Les chocs furent brutaux. D'abord, il y eut le meurtre, à Miami Beach le 15 juillet, du gourou de la mode et ami proche d'Elton, Gianni Versace, lui-même âgé de 50 ans. Six semaines plus tard, le dernier jour du mois d'août, la princesse Diana mourut à Paris dans

À GAUCHE : Sur scène en drag-queen avec Kylie Minogue au Stonewall Equality Show, Royal Albert Hall, Londres, le 22 octobre 1995.

CI-DESSUS : Elton et Luciano Pavarotti en concert pour la fondation War Child, Parco Novi Sad, Modène, Italie, le 20 juin 1996.

un accident de voiture. À 36 ans à peine, elle était divorcée du prince Charles depuis un an et trois jours. La Grande-Bretagne et la plus grande partie du monde entrèrent dans une période de deuil proche de l'hystérie et son enterrement, le 6 septembre, à l'abbaye de Westminster fut l'une des retransmissions télévisées les plus regardées de tous les temps. Son frère parla de sa *« forme particulière*

À GAUCHE : Elton avec sa mère, Sheila, en reine Élisabeth II et son beau-père, Fred, en prince Philip, à la fête qu'il donna pour ses 50 ans, Hammersmith Palais, Londres, le 6 avril 1997.

CI-DESSOUS : Elton et David Furnish à la fête.

de magie ». Le public était tombé amoureux de l'image qu'il s'était faite d'elle et Elton avait perdu une amie avec laquelle il s'était lié en discutant des fardeaux que sont une grande renommée et l'intrusion des médias. De façon inoubliable, il joua « Candle in the Wind » à l'enterrement, les paroles ayant été modifiées (par Bernie) en hommage à Diana. *« Je trouvais que c'était très important de l'exprimer du point de vue de la nation,* expliqua Bernie. *Je voulais que ce soit comme si un pays la chantait. À partir des premiers vers que j'ai écrits, le reste s'est mis en place… »* Ce fut la seule fois où Elton la chanta en public, mais son impact refléta l'émotion enfiévrée de cette journée. Sortie en single produit par George Martin avec les bénéfices reversés aux bonnes œuvres de Diana, elle devint rapidement un élément indispensable de tout foyer. C'est aujourd'hui le single le plus vendu depuis la naissance des charts dans les années 1950. (Certains affirment que « White Christmas » de Bing Crosby, sorti en 1942, s'est mieux vendu.) Alors qu'Elton chantait *« Goodbye England's rose, may you ever grow in our hearts*[5] *»*, le monde pleurait. Sa popularité fut si grande et universelle que son arrivée à la première place de le monde entier et le Grammy Award qui suivit prirent des allures de simples répercussions inévitables.

> **Je trouvais que c'était très important d'exprimer *['Candle in the Wind']* du point de vue de la nation. Je voulais que ce soit comme si un pays la chantait.**
>
> BERNIE TAUPIN

À GAUCHE : SAR la princesse Diana, princesse de Galles, est accueillie par Elton lors d'une représentation caritative de *Tango Argentino* au bénéfice du National Aids Trust au théâtre Aldwych, Londres, le 23 mai 1991.

EN HAUT, À DROITE : Elton chante « Candle in the Wind » à l'enterrement de Diana, princesse de Galles, abbaye de Westminster, Londres, le 6 septembre 1997.

EN BAS, À DROITE : Elton arrive avec David Furnish à l'enterrement de la princesse Diana à l'abbaye de Westminster.

NOVELLO
VH1: First

Elton connut un regain d'énergie en ce qui concernait son travail caritatif ; il joua à la soirée de charité Music for Montserrat au Royal Albert Hall avec Paul McCartney, Eric Clapton, Phil Collins, Sting et d'autres et il participa à la version improbable mais intéressante de « Perfect Day » de Lou Reed par la BBC, au profit de l'association *Children in Need,* également n° 1. La comédie musicale *Le Roi lion* fit ses débuts à Broadway, puis dans le West End : elle fut récemment citée comme la plus grosse réussite de l'histoire du box-office (en comptant à la fois les pièces de théâtre et les films de cinéma). Elton et Tim Rice créèrent ensuite une autre comédie musicale pour Disney, *Aïda,* basée très approximativement sur l'opéra de Verdi et qui remporta des récompenses aux Tony et aux Grammy Awards. Elton puisait dans différents genres, du reggae à la Motown ou au gospel, et l'album-concept *Elton John and Tim Rice's Aida* – sorti en 1999, avant la première du spectacle (et donc avant son enregistrement par la distribution) – comportait un éventail éclectique de participants, parmi lesquels Janet Jackson, Shania Twain, les Spice Girls et Tina Turner. Un autre album d'Elton, *The Big Picture,* était sorti en 1997, dédié à Versace et s'il s'en sortit assez bien, sa présence fut éclipsée par le train d'enfer de « Candle in the Wind 97 ». Il y eut encore un album dans les années 1990 : *The Muse* était la

À GAUCHE : Elton reçoit les Ivor Novello du Single le plus vendu, du Hit international de l'année et du Single le plus vendu au Royaume-Uni, Grosvenor House, Londres, le 28 mai 1998.

CI-DESSOUS : Sur scène avec Paul McCartney au concert Music for Montserrat au Royal Albert Hall, Londres, le 15 septembre 1997.

THE BIG PICTURE

TRACKLIST

1. Long Way from Happiness
2. Live Like Horses
3. The End Will Come
4. If the River Can Bend
5. Love's Got a Lot to Answer For
6. Something About the Way You Look Tonight
7. The Big Picture
8. Recover Your Soul
9. January
10. I Can't Steer My Heart Clear of You
11. Wicked Dreams

Enregistré à The Town House et AIR Studios, Londres (Angleterre)
Produit par Chris Thomas
Sortie 22 septembre 1997
Label The Rocket Record Company, 536 266-2
Meilleure place au hit-parade lors de sa sortie UK 3, US 9, CAN 14, AUS 5, FRA 4, ITA 1, GER 8, NOR 2, SPA 5, JPN 19

MUSICIENS CLÉS

Elton John : piano, orgue, chant
Guy Babylon : claviers
Bob Birch : basse
Davey Johnstone : guitares
John Jorgenson : guitares
Charlie Morgan : batterie, percussions

POCHETTE

Julian Schnabel : peinture et photographie
Mario Testino : portrait

bande originale orchestrale (composée par Elton) d'un film comique avec Albert Brooks (qui en était aussi le réalisateur), Sharon Stone, Andie MacDowell et Jeff Bridges[6]. Le film fut un échec, bien qu'Elton ait chanté (les paroles de Bernie) sur la chanson du générique.

Le statut et la réputation d'Elton lui permettaient désormais de se remettre rapidement d'un raté ou deux. Il avait beaucoup à faire. Il avait racheté le Watford FC en 1997 après l'avoir vendu dix ans plus tôt et en redevint président, une position qu'il conserva durant cinq ans avant de faire un pas de côté en devenant président d'honneur. Après avoir fait une apparition (jouant son propre rôle) dans le film des Spice Girls, *Spice World, le film,* (1997) ainsi que dans *Les Simpson* et *South Park* – qu'il ne soit jamais dit qu'il n'a pas le sens de l'humour ! –, il sortit en 1997 un film autobiographique candide, réalisé par quelqu'un en qui il avait confiance : David Furnish. John Reid en était producteur exécutif. *Tantrums and Tiaras* suivait la star sur sa tournée *Made in England* au milieu des années 1990, alternant interviews et extraits de concerts (principalement celui de Rio de Janeiro) et révélait, dans l'ensemble, qu'Elton était exactement la prima donna caractérielle qu'il avait souvent avoué être. On le voyait chez lui, au travail et pendant ses loisirs. Le film est vraiment franc et drôle et, pour quiconque pensait qu'Elton était un personnage complexe, presque Jekyll et Hyde, il en donnait confirmation. Dans

le film, il est sensible et lunatique tandis qu'il dépense son argent comme si celui-ci allait se démoder. (En 2000, il dit à la Cour suprême de Londres qu'il avait claqué autour de 30 millions de livres au cours des deux années précédentes. Cela fait une moyenne d'environ 1,5 million par mois. Entre janvier 1996 et septembre 1997 il reconnut devant la cour, d'après *The Independent*, qu'il avait dépensé presque 10 millions de livres en biens immobiliers et – c'est connu – 293 000 £ en fleurs. La star poursuivait l'ancien directeur de John Reid Enterprises et le cabinet comptable PricewaterhouseCoopers pour négligence.)

Personne ne cherchait plus à se frotter à lui désormais. Il avait prouvé aux tabloïds qu'il pouvait être un ennemi redoutable et ses œuvres caritatives ainsi que la vague d'émotion générale autour de l'enterrement de Diana avaient fait de lui un trésor national bien-aimé. En avril 1998, il fut adoubé par la reine Élisabeth II pour *« services rendus à la musique et œuvres de charité »*. C'était

À GAUCHE : Première britannique de la comédie musicale *Le Roi lion*, Lyceum Theatre, Londres, le 19 octobre 1999.
À DROITE : Sur le tournage de *Spice World, le film*. De gauche à droite : Victoria Adams, Melanie Chrisholm, Elton, Melanie Brown, Emma Bunton et Gerry Halliwell, 1997.

« La presse te tire dessus, mais je préfère ça à l'adulation et à l'illusion en Amérique. »

ELTON JOHN

CI-DESSUS : En concert à Glasgow, Écosse, le 11 décembre 1997.

CI-CONTRE : Inauguration de l'aile HIV/AIDS Almroth Wright Ward à l'hôpital Paddington de St Mary, Londres, le 22 janvier 1999.

À DROITE : Recevant son titre de chevalier avec sa mère, Sheila, son partenaire, David, et son beau-père, Fred, Buckingham Palace, Londres, le 24 février 1998.

improbable, mais Reg Dwight était devenu sir Elton John. Ce fut le premier musicien ouvertement gay à recevoir cet honneur.

Pour ses 70 ans en 2017, il déclara: *« Le titre de chevalier ne me donne que dalle. Ils sont enchantés en Amérique, mais les Anglais s'en foutent – rien n'est sacré en Angleterre. J'aime cette irrévérence. J'aime le fait que tu te feras toujours descendre si tu as les chevilles qui enflent. Michael Jackson n'aurait jamais survécu en Angleterre. La presse te tire dessus, mais je préfère ça à l'adulation et à l'illusion en Amérique. »*

Il se montra plus respectueux de son titre le jour même, s'habillant formellement pour se rendre à Buckingham Palace et emmenant ses parents ainsi que David Furnish. *« On ne peut pas faire beaucoup mieux que ça,* dit-il à la BBC. *J'ai eu une longue carrière et j'ai travaillé dur. Mais je pense que le tournant s'est fait en 1990, quand j'ai arrêté les drogues et l'alcool et décidé de me lancer dans des œuvres caritatives, en particulier pour le problème du Sida. Un titre de chevalier, c'est la cerise sur le gâteau. »* Un peu moins humble, il ajouta que la reine, qui en savait long sur les diadèmes[7], s'était excusée d'avoir interrompu son emploi du temps chargé. *« Elle a dit que je devais être très occupé. Mais ce n'est pas le genre de choses que l'on remet à plus tard. Je suis rentré de L.A. hier et je pars en Australie jeudi, mais il était hors de question que je loupe ça. »* Ne s'attardant pas sur les paroles rageuses de « Made in England », il conclut: *« J'aime mon pays; et être reconnu de cette manière, je ne peux rien imaginer de mieux. »*

Les années 1990 d'Elton avaient donc traversé quelques coups durs, mais aussi connu quelques triomphes exaltants. Il avait toutes les raisons du monde pour attendre avec impatience le XXIe siècle. Relevez-vous, sir Elton!

---

1. Référence à la reprise de la chanson « Candle in the Wind » en hommage à lady Diana. À noter que la rose est l'emblème de l'Angleterre.
2. Album-oriented rock.
3. « Continuer encore et encore ».
4. « Je voudrais déjà être roi ».
5. *« Adieu, rose d'Angleterre, puisses-tu continuer de pousser à jamais dans nos cœurs ».*
6. *La Muse,* réalisé en 1998.
7. *Tiaras.* Jeu de mots sur le documentaire réalisé par son époux.

9

« MAIS QUI EST CET ELTON JOHN, AU JUSTE ? »

Si la musique d'Elton défend bien l'idée que le temps peut s'arrêter, les paroles de Taupin, avec sa perspective d'homme mûr, font joliment mentir cette idée.

ENTERTAINMENT WEEKLY

Avançant dans la cinquantaine, Elton – pardon, sir Elton – semblait moins motivé pour figurer dans ses clips. Peut-être de vieilles insécurités remontaient-elles par vagues. Ce ne fut pas un problème pour les deux albums dans lesquels il s'impliqua en 2000. Depuis *Le Roi lion*, il était encore très demandé à Hollywood et la bande originale de *La Route d'Eldorado*[1] accompagna le dessin animé de Dreamworks du même nom. Elle comprenait de nouvelles chansons écrites avec Tim Rice et des apparitions de Don Henley, de Randy Newman et des Backstreet Boys. Le film fit un bide, même si les chansons de John et Rice furent, en général, jugées fonctionnelles et, dans certains cas, comme dans la critique de *Rolling Stone* la preuve que *« le savoir-faire maîtrisé permettait d'aller loin »*. En novembre sortit un projet plus heureux, car *One Night Only-The Greatest Hits* fut disque d'or. Enregistré au Madison Square Garden, il réunissait toutes les chansons les plus connues d'Elton et ses amis, anciens et nouveaux (Kiki Dee, Ronan Keating, Bryan Adams, Anastasia, Mary J. Blige) se joignaient à lui sur scène. Il nous montrait, une fois de plus, que peu de stars de son calibre ont été capables de travailler avec un tel éventail d'artistes à travers tous les genres comme le fit Elton. Un DVD proposait un set plus long.

DOUBLE PAGE PRÉCÉDENTE : Sur scène à la Ahoy Rotterdam, Pays-Bas, octobre 2009.

CI-DESSOUS, À GAUCHE : Interprétant les chansons du film *La Route d'Eldorado* dans le *Today Show* de la NBC au Rockefeller Center de New York, mars 2000.

CI-DESSOUS : Elton et Bryan Adams pendant le concert Greatest Hits au Madison Square Garden, le 22 octobre 2000.

ELTON JOHN ONE NIGHT ONLY: THE GREATEST HITS

TRACKLIST

1. Goodbye Yellow Brick Road
2. Philadelphia Freedom
3. Don't Go Breaking My Heart
4. Rocket Man
5. Daniel
6. Crocodile Rock
7. Sacrifice
8. Can You Feel the Love Tonight?
9. Bennie and the Jets
10. Your Song
11. Sad Songs (Say So Much)
12. Candle in the Wind
13. The Bitch is Back
14. Saturday Night's Alright (For Fighting)
15. I'm Still Standing
16. Don't Let the Sun Go Down on Me
17. I Guess That's Why They Call It the Blues

Enregistré au Madison Square Garden, New York (États-Unis)
Produit par Phil Ramone
Sortie 13 novembre 2000
Label The Rocket Record Company, 548 334-2
Meilleure place au hit-parade lors de sa sortie UK 7, US 65

MUSICIENS CLÉS

Elton John : piano, chant
Davey Johnstone : guitare, chant
John Jorgenson : guitare, mandoline, *pedal steel guitar*, saxophone, chant
Bob Birch : basse, chant
Guy Babylon : claviers, chant
Nigel Olsson : batterie, percussions, chant
Curt Bisquera : batterie

POCHETTE

David LaChapelle : photographie

CI-DESSOUS : Sur scène à l'Albert Dock, à Liverpool, Angleterre, juillet 2000.

À DROITE : À la Royal Academy, Londres, septembre 2000.

Ce fut toutefois l'album *Songs from the West Coast*, en 2001, qui lui permit de regagner un peu plus de crédibilité, tout en puisant de nouveau dans ses liens avec des stars plus récentes. Pourtant, il revenait aussi à ses racines. Bernie occupait de nouveau la place de parolier et Elton et lui écrivaient souvent ensemble dans la même pièce. Davey Johnstone était à la guitare et Nigel Olsson de retour à la batterie. Paul Buckmaster était impliqué alors que Stevie Wonder et Billy Preston participaient. Parmi les nouveaux collaborateurs, on comptait Táta Vega (qui fait désormais partie du groupe) aux chœurs ainsi que des apparitions de Gary Barlow et Rufus Wainwright. L'album fut enregistré à L.A. et le choix du producteur était relativement osé: Patrick Leonard s'était fait un nom avec les plus grands albums de Madonna, mais ses goûts personnels étaient très différents de son travail commercial avec elle. Leonard évoquait Genesis et Pink Floyd comme influences et avait travaillé avec ce dernier. Il avait joué un rôle dans la bande originale de *La Route d'Eldorado* et Elton prit ce risque. Ce fut justifié: l'homme derrière *Like a Prayer* allait plus tard coécrire et produire les trois derniers albums de Leonard Cohen.

Bien que les trois singles n'aient rencontré qu'un succès modéré – aucun n'entra dans le *Billboard* Hot 100, une première en trente et un ans de présence continue assurée par au moins un titre –, ils jouèrent néanmoins le rôle de publicités de haut vol pour l'album, car leurs clips furent beaucoup montrés et discutés. Elton était heureux de figurer le moins possible dedans – « *Je déteste les clips* », dit-il au présentateur de télévision britannique Paul Gambaccini en 2010 –, d'autres grands noms furent donc choisis pour les porter. Robert Downey Jr. fit du play-back sur « I Want Love », incarnant le personnage solitaire de la vidéo, réalisée par Sam Taylor-Wood. Pour « This Train Don't Stop There Anymore » (qui traitait du fait de vieillir), Justin Timberlake prit le rôle principal, jouant un genre d'Elton plus jeune. Paul Reubens – alias Pee-wee Herman – était un

CI-DESSOUS, À GAUCHE : Au Ritz, Piccadilly, Londres, août 2001.
CI-DESSOUS : Avec la réalisatrice Sam Taylor-Wood, Los Angeles, mars 2001.

SONGS FROM THE WEST COAST

TRACKLIST

1. The Emperor's New Clothes
2. Dark Diamond
3. Look Ma, No Hands
4. American Triangle
5. Original Sin
6. Birds
7. I Want Love
8. The Wasteland
9. Ballad of the Boy in the Red Shoes
10. Love Her Like Me
11. Mansfield
12. This Train Don't Stop There Anymore

Enregistré à Ocean Way Studios, Los Angeles (États-Unis)
Produit par Patrick Leonard
Sortie 1er octobre 2001
Label The Rocket Record Company, 586 330-2
Meilleure place au hit-parade lors de sa sortie
UK 2, US 15,CAN 9, AUS 7, FRA 19, ITA 3, GER 14, NOR 2, SPA 21, JPN 68

MUSICIENS

Elton John : piano, harmonium, chant
Rusty Anderson : guitare électrique, bouzouki
Gary Barlow : chœurs
Jay Bellerose : percussions
Paul Buckmaster : arrangements de cuivres et de cordes, chef d'orchestre
Paul Bushnell : basse, chœurs
Matt Chamberlain : batterie, percussions
David Channing : guitare acoustique, dobro
Bruce Gaitsch : guitare acoustique
Davey Johnstone : guitare acoustique, guitare électrique, mandoline, chœurs
Kudisan Kai : chœurs
Patrick Leonard : orgue Hammond B3, mellotron, claviers
Nigel Olsson : batterie, chœurs
Billy Preston : orgue Hammond B3
Tata Vega : chœurs
Rufus Wainwright : harmonies vocales sur « American Triangle »
Stevie Wonder : clavinet, harmonica sur « Dark Diamond »

POCHETTE

Sam Taylor-Wood : photographie

> *[L']*esprit et l'ambition *[de sa musique]* sont enfin revenus.
>
> ROLLING STONE

choix osé pour interpréter John Reid. Quant à « Original Sin », Elton y faisait une brève apparition, avec une casquette de baseball et dans une tenue de football peu flatteuse, jouant le rôle du mari d'Elizabeth Taylor, tandis que Mandy Moore incarnait leur fille. Moore joue une jeune fan d'Elton des années 1970 qui part dans un rêve au cours duquel elle se rend à l'un de ses concerts où elle traîne avec des sosies de ses copains célèbres de l'époque : Barbra Streisand, Liza Minnelli, Cher, Bette Midler. Elle est comme une Alice de l'autre côté du miroir aux anges.

Toutes ces astucieuses références au premier âge d'or d'Elton et ses relations avec une nouvelle génération de pop stars aidèrent à propulser un album qui fut reçu chaleureusement. Bien que rencontrant étonnamment des difficultés aux États-Unis, il fut n° 2 au Royaume-Uni. Beaucoup louèrent ce retour au son de ses débuts et Elton, citant le récent *Heartbreaker* de Ryan Adams comme une inspiration, était fier d'avoir utilisé un enregistreur analogique. La chanson « American Triangle » parlait de Matthew Shepard, un étudiant gay assassiné en 1998. Dans l'ensemble, l'album donne l'impression d'être bien intentionné, même si les chansons –et les paroles de Bernie tombaient parfois à plat– n'étaient pas aussi solides que ce qui aurait été souhaitable pour la production et les clips. En guise de synthèse, une autre compilation –*Greatest Hits 1970-2002,* un coffret de 3 CD– sortit un an plus tard, Universal étant devenu propriétaire de Polygram. Elle fut disque de platine.

Après l'horreur du 11-Septembre, Elton participa au Concert for New York City, le concert de charité donné au Madison Square Garden, en jouant « I Want Love » et, en duo avec Billy Joel, « Your Song ». Joel et lui allaient se lier d'amitié et être parfois partenaires de tournée. La présence d'Elton dans les classements pop connut un sursaut agréable et surprenant quand « Are You Ready for Love? », une chanson enregistrée pendant les sessions avec Thom Bell en 1977 à Philadelphie, passa brusquement du statut d'anecdote à celui de tube apprécié partout. Un remix d'Ashley Beedle l'y aida, tout comme un clip rétro, années 1970, et peut-être par-dessus tout son utilisation comme bande-son d'une grande campagne télévisuelle pour la nouvelle saison de football sur Sky Sports. Cinquième n° 1

britannique d'Elton, il venait montrer, une fois de plus, à quel point les grooves ensoleillés de Bell étaient souples et appréciables. Il y eut un autre album avant le grand retour de John à la comédie musicale. *Peachtree Road*, son 27e album, tirait son nom de la rue d'Atlanta, en Géorgie, où Elton avait l'une de ses quatre (à l'époque) maisons. Enregistré en grande partie dans les environs en janvier 2004, c'est le seul album de sa longue carrière sur lequel il est crédité en unique producteur. Sam Taylor-Wood prit la photo de la pochette, mais il s'agit d'une banlieue proche plutôt que du quartier de Peachtree Road lui-même, car elle estima que l'animation de ce dernier convenait mal à l'ambiance songeuse de la musique. Son parfum country rock lui attira de bonnes critiques, mais commercialement, ce fut un

À GAUCHE : Elton et Billy Joel sur scène au Concert for New York, au Madison Square Garden, le 20 octobre 2001.

CI-DESSUS : La statue de cire d'Elton est préparée pour être exposée au musée Madame Tussauds, New York, juin 2003.

PEACHTREE ROAD

TRACKLIST

1. Weight of the World
2. Porch Swing in Tupelo
3. Answer in the Sky
4. Turn the Lights Out When You Leave
5. My Elusive Drug
6. They Call Her the Cat
7. Freaks in Love
8. All That I'm Allowed
9. I Stop and I Breathe
10. Too Many Tears
11. It's Getting Dark in Here
12. I Can't Keep This from You

Enregistré aux Tree Studios & Silent Sound, Atlanta ; The Record Plant, Los Angeles (États-Unis)
Produit par Elton John
Sortie 9 novembre 2004
Label Mercury, 9867611
Meilleure place au hit-parade lors de sa sortie
UK 21, US 17

MUSICIENS CLÉS

Elton John : piano, Fender Rhodes, chant et chœurs
Davey Johnstone : guitare acoustique, guitare électrique, guitare *slide*, baritone guitar, Leslie, sitar, dobro, mandoline, chœurs
Nigel Olsson : batterie, chœurs
Guy Babylon : orgue Hammond, piano, Fender Rhodes, programmation
Bob Birch : basse, chœurs
John Mahon : percussions, chœurs
John Jorgenson : *pedal steel guitar*

POCHETTE

Sam Taylor-Wood : photographie

CI-CONTRE : Elton et David Furnish quittent le Guildhall, Windsor, à leur union civile, le 21 décembre 2005.

À DROITE : Elton se joint à la troupe de *Billy Elliot* pour les saluts au Victoria Palace Theatre, Londres, mai 2005.

échec relatif. De façon émouvante, il était dédié à Gus et Sheila Dudgeon, le producteur qui avait aidé Elton à faire la grande percée de sa carrière étant malheureusement décédé avec sa femme dans un accident de voiture en 2002.

À dire vrai, le destin de ses albums n'était plus aussi crucial pour Elton désormais. Son nom était gravé dans la pierre, il faisait partie de la noblesse du monde du spectacle et les succès ou échecs ponctuels n'avaient aucune importance. En plus, son retour à la comédie musicale allait lui rapporter des sommes phénoménales. En composant la musique d'une adaptation de *Billy Elliot,* le film de 2000 qui se déroule dans le comté de Durham dans les années 1980, sur un livret de Lee Hall (qui avait écrit le film), il savait sans doute qu'ils faisaient un pari gagnant, mais bien au-delà, la pièce fit un véritable tabac. La première de *Billy Elliot the Musical* eut lieu au Victoria Palace Theatre à Londres en 2005 et, après un déluge de critiques enthousiastes, elle gagna plusieurs récompenses et le cœur du public. Elle allait bientôt être distinguée par 4 Olivier Awards, dont celui de Meilleure nouvelle comédie musicale, et devint la 11e comédie musicale à la plus longue carrière de l'histoire du West End avant de s'arrêter en avril 2016 après 4 566 représentations. Avec des productions à Broadway – où elle remporta le Tony Award de Meilleure comédie musicale, ainsi que 9 autres Tonys dans d'autres catégories –, à Sydney, Chicago, Toronto, São Paulo et dans d'autres grandes villes (et tournées), elle a été vue par plus de 11 millions de personnes dans le monde. Ses profits ? Autour de 800 millions de dollars. Échanger les gants de boxe pour les chaussons de danse

GRAND

a rarement rapporté autant. Tout ça avec des chansons intitulées « Merry Christmas Maggie Thatcher[2] », « Grandma's Song[3] » et, peut-être plus en rapport avec le thème principal, « Expressing Yourself[4] ».

Ce n'était pas comme si Elton avait besoin de cet argent. Quand *Billy Elliot* fit ses débuts, il était au beau milieu d'une énorme résidence au Colosseum, au Caesars Palace de Las Vegas. Embauché en octobre 2003 pour donner 75 concerts sur trois ans, il montait un spectacle mémorable intitulé *The Red Piano*, un concert multimédia avec des trucages et des montages vidéo conçus par le photographe et réalisateur en vogue David LaChapelle. Les saisons de Vegas étaient bien remplies : quand Elton n'y travaillait pas, Céline Dion reprenait le Palace, tous deux alternant les séries de représentations. Finalement, après quelques annulations et modifications de dates, *The Red Piano* se poursuivit jusqu'en 2009. Un spectacle similaire partit en tournée dans le monde entier. En dépit des effets visuels de pointe, la setlist prenait peu de risques, donnant aux gens ce qu'ils voulaient en reprenant les chansons d'Elton les plus connues des années 1970 et 1980.

Deux de ces vieilles chansons avaient déjà connu une seconde jeunesse et placé Elton, qui avait si longtemps lutté pour obtenir un n° 1, en tête des classements britanniques deux fois de plus. « Sorry Seems to Be the Hardest Word » avait été remise à la mode juste avant Noël en 2002 quand le boys band Blue l'avait reprise avec la participation d'Elton : un signe de plus de sa capacité à se trouver au bon moment au bon endroit, et au diable la crédibilité ! Il y eut une sortie plus urbaine, en janvier 2005, quand un single posthume du rappeur de la côte est Tupac (2-Pac) Shakur, « Ghetto Gospel », se maintint au sommet des classements britanniques pendant trois semaines. Elle reprenait un sample émouvant de « Indian Sunset », qui avait vu le jour en 1971 sur *Madman Across the Water*. Rendant hommage aux activistes noirs assassinés Malcolm X et Bobby Hutton, elle était aux antipodes de la reprise sucrée de Blue et c'était un contexte agréablement étrange pour retrouver le vieux morceau d'Elton après toutes ces années. La version originale de l'album ne comprenait pas ce sample, mais le producteur en était Eminem, dont la relation avec Elton allait passer par bien des méandres sous les yeux attentifs des médias.

Elton confia à *Rolling Stone* qu'il voulait travailler avec Pharrell Williams, Timbaland, Snoop Dogg et Kanye West, ainsi qu'avec Eminem. Ce plan ne se concrétisa jamais complètement et le fait qu'il reçoive le titre de Disney Legend, attribué par le célèbre géant de l'industrie cinématographique, n'emballa pas beaucoup la petite bande. Quand Elton fit preuve de bonne volonté en invitant le rebelle du jour, Pete Doherty de The Libertines et de Babyshambles, sur scène pendant le Live8 à Hyde Park en juillet 2005 pour une interprétation de « Children of the Revolution » de T. Rex (Elton ayant déjà joué prudemment ses propres morceaux rock « The Bitch Is Back » et

En coulisse pendant la résidence *The Red Piano*, au Colosseum du Caesars Palace, Las Vegas, février 2004.

THE CAPTAIN & THE KID

TRACKLIST

1. Postcards from Richard Nixon
2. Just Like Noah's Ark
3. Wouldn't Have You Any Other Way (NYC)
4. Tinderbox
5. And the House Fell Down
6. Blues Never Fade Away
7. The Bridge
8. I Must Have Lost It on the Wind
9. Old 67
10. The Captain and The Kid

Enregistré au Center Staging, Atlanta (États-Unis)
Produit par Elton John & Matt Still
Sortie 18 septembre 2006
Label Mercury, 1706422
Meilleure place au hit-parade lors de sa sortie UK 6, US 18, AUS 37, FRA 56, GER 25, NOR 10, SPA 52

MUSICIENS CLÉS
Elton John : chant, piano
Davey Johnstone : guitar, banjo, mandoline, harmonica, chœurs
Nigel Olsson : batterie, chœurs
Guy Babylon : claviers
Bob Birch : basse, chœurs
John Mahon : percussions, chœurs
Matt Still : chœurs
Arthur : « *woof-bells* » (grelots)

POCHETTE
David Costa : direction artistique et design
Ryan McGinley : photographie

Le meilleur album d'Elton depuis des décennies.

ENTERTAINMENT WEEKLY

« Saturday Night's Alright »), les discussions qui suivirent le concert concernaient toutes la performance non programmée de Doherty.

La tactique suivante fut alors de retourner vers le futur. L'album *The Captain & the Kid,* sorti en septembre 2006, voyait Bernie et Elton explorer de nouveau l'autobiographie. Reprenant (en théorie, même si c'était parfois nébuleux) là où *Captain Fantastic and the Brown Dirt Cowboy* s'était arrêté en 1975, il examinait les hauts et les bas des vies des deux auteurs au cours des trois dernières décennies de succès, d'autodestruction et de renaissance. Il y avait de grands espoirs le concernant, mais Interscope Records choisit de ne pas sortir de single et de le présenter comme une grandiose œuvre complète, Elton et Bernie ayant l'air excessivement sérieux sur la pochette en regardant, respectivement, un piano et un cheval – pour souligner le contraste entre eux. C'est un exercice vaguement élégiaque qui, malgré son égocentrisme, contient des passages émouvants. « Postcards from Richard Nixon » commençait par une lettre d'amour enflammée pour l'Amérique, et « Just Like Noah's Ark » et « Wouldn't Have You Any Other Way (NYC) » reprenaient aussi des moments torrides et hédonistes passés aux USA. Les plaintes du piano dans « The Bridge » rappelaient – peut-être délibérément – « Your Song » et ailleurs, on trouvait des évocations de l'érosion de l'innocence et d'amis disparus, de John Lennon aux victimes du sida. « Blues Never Fade Away » est touchante dans son honnêteté, car Elton (grâce au texte de Bernie) s'y émerveille devant la chance qu'il a eue de survivre et s'épanouir au milieu de tous ses excès risqués et malencontreux.

Certains critiques suggérèrent que les efforts faits par John et Taupin pour recycler leurs jours de gloire des années 1970 étaient peut-être devenus trop affectés et qu'ils avaient perdu depuis longtemps leur prise dessus. D'autres aimèrent le son analogique nostalgique et démodé de l'album et apprécièrent leur pureté

En concert pendant la tournée *The Captain and the Kid,* au Nassau Coliseum, New York, novembre 2006.

MAGIC

d'intention. *« Le meilleur album d'Elton depuis des décennies,* déclara *Entertainment Weekly. Si la musique d'Elton défend bien l'idée que le temps peut s'arrêter, les paroles de Taupin, avec sa perspective d'homme mûr, font joliment mentir cette idée. »* Malgré tout, le disque ne se vendit pas bien. Désabusé, il ne refit pas un seul album studio en solo pendant sept ans : une période incroyablement longue pour quelqu'un qui avait eu toute sa vie un penchant pour une production prolifique. On peut supposer que cet album avec ses histoires personnelles avait beaucoup d'importance pour lui et que son échec commercial le blessa.

Il y eut un autre coup porté aux ego d'Elton et Bernie, voire à leur confiance en eux, quand ils connurent ce qui ne peut être décrit que comme un désastre spectaculaire. Sans Tim Rice, ils écrivirent les chansons de *Lestat,* une comédie musicale inspirée par *Les Chroniques des Vampires*[5] d'Anne Rice, sur un livret de Linda Woolverton. Les vampires faisaient fureur. Cela semblait être un succès assuré. Malheureusement, après une première à San Francisco, cette histoire de vampire gay ne connut que 39 représentations à Broadway au printemps 2006. L'album enregistré par la distribution ne sortit jamais. *« Cruellement mauvais »,* commenta le *New York Post. « D'un ennui mortel »,* lança malicieusement un autre critique. *The New York Times* trouva les chansons *« médiocres et interchangeables pour la plupart ».* Au vu du reste de l'œuvre d'Elton, *Lestat* a probablement été enterré profondément dans les caves d'un lointain château de Transylvanie perdu dans la brume.

Comme toujours, le petit manège d'Elton John était bien plus grand qu'un simple projet ou un seul album et, toujours vivant, le cirque continua sa route. Pour ses 60 ans, en mars 2007, il joua au Madison Square Garden, sa maison loin de chez lui, pour la soixantième fois – un record. Robin Williams et Whoopi Goldberg montèrent sur scène et, exceptionnellement, Bernie prononça même quelques mots. Le concert était retransmis en direct et un DVD, réalisé par David Mallet, s'ensuivit, ainsi que *Rocket Man,* une compilation best of de plus, *« définitive »* (son propre adjectif) et disque de platine. En juillet de la même année, Elton fut évidemment la vedette du Concert for Diana au stade de Wembley, donné en hommage à son amie regrettée et en l'honneur de ce qui aurait été son 46e anniversaire. Il fit l'ouverture et la clôture du spectacle, sous

À GAUCHE : La tournée *Rocket Man,* Boardwalk Hall, Atlantic City, New Jersey, le 19 juillet 2008.

CI-DESSUS : Fêtant ses 60 ans avec un 60e concert au Madison Square Garden de New York (un record). Pour l'accompagner dans cette célébration, on trouve Bernie Taupin, Whoopi Goldberg et Robin Williams, le 25 mars 2007.

les yeux de ses hôtes, le prince William et le prince Harry, les bénéfices allant à des œuvres caritatives. Entre les deux courts sets d'Elton, tout le monde joua, de Duran Duran, Bryan Ferry et Rod Stewart à Take That, Pharrell et Kanye West. Parmi les orateurs de la journée, on compta Nelson Mandela, Bill Clinton et Tony Blair.

Tout cela pendant que la tournée en pointillés *The Red Piano* se poursuivait en parallèle à des dates différentes et, dès qu'elle arriva à son apogée à Vegas en 2009, Elton annonça une tournée avec Billy Joel. Le rocket man et le piano man[6] mirent en commun leurs spectateurs (dont certains se recoupaient certainement) pour un projet lucratif de plus. Leur tournée *Face to Face* avait traversé le milieu des années 1990 et ils semblaient apprécier le fait de mélanger leurs sets, tout en conservant chacun de longs passages en solo.

Il y eut une autre association cette année-là, moins célébrée mais plus insolite, quand Elton joua du piano sur une chanson du groupe grunge de Seattle Alice in Chains. Le morceau, « Black Gives Way to Blue », était un hommage au chanteur décédé du groupe, Layne Staley, qui était allé voir jouer Elton John la première fois qu'il avait assisté à un concert. Le fondateur d'Alice in Chains, Jerry Cantrell, avait écrit un mail à Elton lui expliquant qu'il avait eu une grande influence sur eux. Il déclara à *Entertainment Weekly* qu'Elton s'était montré touché et enthousiaste. « *En studio, il était très détendu et bienveillant, et il a un super sens de l'humour. Nous, on essayait juste d'être cool : "Oh ouais, c'est rien." Mais on était très excités ! Le batteur et moi on a dû sortir deux ou trois fois pour fumer des cigarettes, en se disant : "Putain, ça tue !" C'est un de ces moments forts qu'on ne peut pas attendre de la vie et qu'on a de la chance de connaître une fois de temps en temps.* » Leur idole surprise commenta : « *Je n'avais jamais pensé que je jouerais sur un disque d'Alice in Chains. Quand j'ai entendu la chanson, j'ai vraiment voulu la faire. J'aimais le fait qu'elle soit aussi belle et simple. Ils avaient une bonne idée de ce qu'ils voulaient que je fasse dessus et le résultat est super.* »

Il ne le fit pas pour le cachet des sessions. Des histoires concernant sa fortune et son extravagance continuaient de courir. Il avait désormais de nombreuses maisons : à Old Windsor, bien sûr, mais aussi à Atlanta, Los Angeles, Venise, Nice et un autre point de chute londonien dans le quartier huppé de Holland Park. Sa passion pour l'art s'était développée à tel point qu'il avait l'une des plus impressionnantes collections privées de photographies au monde. L'éblouissante exposition *The Radical Eye: Modernist Photography from the Sir Elton John Collection* allait se tenir fin 2016 et début 2017 à la Tate Modern et comprenait des portraits de Matisse, Picasso et Breton ainsi que des œuvres de Brassaï, Dorothea Lange et Rodchenko. Pour couronner le tout, il avait vendu 20 voitures (Jaguar, Ferrari, Bentley, Rolls Royce) en 2001 pour 2 millions de livres, affirmant qu'il était trop souvent à l'étranger pour avoir le plaisir de les conduire. En 2003, il y eut une vente chez Sotheby's des biens de sa propriété de Holland Park (pour qu'il puisse restaurer et accrocher une partie de cette collection) et, désormais, il vend tous les ans les vêtements qui ne lui plaisent plus, à des fins caritatives, grâce à deux boutiques, une new-yorkaise et une londonienne, qu'il a respectivement nommées Elton's Closet et Out of the Closet[7].

Bien connu est le grand talent d'Elton pour nouer des amitiés avec d'autres stars de toutes les générations et l'une des plus improbables s'épanouit après des débuts difficiles. Il s'entendait bien avec le rappeur Eminem depuis leur duo lors des Grammy Awards en 2001 sur la chanson controversée de celui-ci, « Stan ». À l'époque, Eminem était très critiqué pour ce qui passait pour être de l'homophobie dans ses paroles. Il demanda à Elton de se produire avec lui, mais déclara ensuite qu'il n'était pas au courant de sa sexualité. « *Je ne savais rien de sa vie privée. Je m'en foutais,* dit-il à MTV. *Mais étant donné qu'il était gay et que j'avais son soutien, je pense que c'était une déclaration en soi, disant qu'il comprenait d'où je venais.* » Même ainsi, Elton le soutint, affirmant à Zane Lowe : « *Pour moi, Eminem n'a jamais été homophobe. J'ai écouté la totalité de l'album* Marshall Mathers *en me rendant en voiture à un concert et j'en ai été renversé. Et j'ai pensé : "Comment quiconque peut croire que c'est…" Il écrit juste les choses comme elles sont. Pas ce qu'il pense, mais ce qu'elles sont.* »

Tout le monde n'était pas d'accord, mais ils restèrent bons amis. Plus tard dans la décennie, alors qu'Eminem était aux prises avec son addiction aux drogues, Elton, qui en savait long sur le fait

d'arrêter – et avait bien entendu aidé d'autres célébrités –, lui donna quelques précieux conseils. Le rappeur dit au *Guardian* en 2009 : *« Quand j'ai voulu me désintoxiquer, j'ai commencé par appeler Elton… C'est quelqu'un qui est dans le spectacle et peut s'identifier à ce style de vie et à ces choses tellement mouvementées. Il comprend les pressions et toutes les autres raisons que l'on invente pour prendre des drogues. Je l'ai contacté et je lui ai dit : "Écoute, j'ai un problème et j'ai besoin de tes conseils…" »*

Le pianiste autrefois déchaîné était devenu sir Elton, filet de sécurité chaleureux et bienveillant de l'industrie de la musique et pourvoyeur de conseils paternels pour stars plus jeunes avides d'autodestruction. Contre toute attente – l'homme derrière *Le Roi lion* fraternise avec le type derrière *8 Mile* –, son amitié avec Eminem a perduré ; plus récemment, ils ont tous deux discuté au téléphone (pour une publication dans le magazine *Interview*) et exprimé leur amour l'un pour l'autre. *« Moi aussi, je t'aime »*, dit Eminem, après qu'Elton a déclaré : *« Le jour anniversaire de ta sobriété est dans mon agenda. Je suis tellement fier de toi. »* De manière significative, Elton est toujours capable de se confronter à Eminem quand le rappeur retombe dans des paroles homophobes et, en général, Eminem s'excuse. C'est une sorte de progrès. Et l'avancée inébranlable d'Elton se poursuit dans la décennie actuelle.

---

1. *The Road to El Dorado.*
2. « Joyeux Noël Maggie Thatcher ».
3. « La chanson de grand-mère ».
4. « S'exprimer ».
5. *The Vampire Chronicles.*
6. Respectivement l'homme à la fusée et l'homme au piano. Référence à des chansons des deux musiciens.
7. Le Placard d'Elton et Sortie du Placard.

À GAUCHE : David Furnish à la boutique caritative Out of the Closet avec certains des costumes Versace portés par Elton dans le *Muppet Show*, Londres, novembre 2002.

CI-DESSUS : Elton et Eminem, après avoir chanté en duo à la 43e cérémonie des Grammy Awards, au Staples Center, Los Angeles, le 21 février 2001.

YAMAHA

10

FAREWELL YELLOW BRICK ROAD[1]

Je n'ai plus besoin de faire des disques de pop. Je me suis dit : 'Le monde ne court pas après un disque d'Elton John de plus et je ne cours pas après non plus, sauf s'il s'agit de quelque chose de différent.' Dans les années 1970, 1980 et 1990, les maisons de disques ont toujours dit qu'il fallait avoir un single et je pense que j'ai tenu mes engagements. Mais à 63 ans, le classement singles n'est plus quelque chose dans lequel je vais figurer souvent. Pour moi, aujourd'hui, il s'agit uniquement d'écrire des albums et d'essayer de faire preuve de maturité.

ELTON JOHN

Si Eminem était une amitié étrange pour Elton, il se lança dans une relation encore plus bizarre quand il joua au quatrième mariage de Rush Limbaugh. Limbaugh était et est toujours un politologue conservateur et présentateur de talk-show, dont les invités, à la cérémonie tenue à Palm Beach le 6 juin 2010, comptaient Rudy Giuliani, Sean Hannity et Karl Rove. Extrêmement riche, Limbaugh touchait un large public devant lequel il descendait en flammes les libéraux. Il devenait évident qu'Elton ne choisissait pas son réseau d'alliances en se basant sur ses convictions, apparemment plus progressistes.

Il avait commencé la nouvelle décennie sur une association plus logique, se produisant en duo avec Lady Gaga lors des Grammy Awards, en janvier; c'était la première fois qu'il partageait la scène des Grammy depuis qu'il l'avait fait avec Eminem en 2001. Ils se lancèrent vaillamment dans une chanson à elle, « Speechless », et dans sa vieille rengaine indémodable, « Your Song ». En clin d'œil aux choix vestimentaires de la chanteuse, alors extravagants, son visage et son costume furent artistement tachés de boue.

« Je n'ai plus besoin de faire des disques de pop », annonça-t-il à Paul Gambaccini quand il lança *The Union*, une collaboration avec Leon Russell qui marquait un nouveau chapitre dans son catalogue. *« Je me suis dit: "Le monde ne court pas après un disque d'Elton John de plus et je ne cours pas après non plus, sauf s'il s'agit de quelque chose de différent." Dans les années 1970, 1980 et 1990, les maisons de disques ont toujours dit qu'il fallait avoir un single et je pense que j'ai tenu mes engagements. Mais à 63 ans, le classement singles n'est plus quelque chose dans lequel je vais figurer*

DOUBLE PAGE PRÉCÉDENTE : Sur scène à l'Apple Music Festival, à la Roundhouse, Londres, le 18 septembre 2016.

CI-DESSOUS : Elton et Lady Gaga jouent à la 52e édition des Grammy Awards, au Staples Center, Los Angeles, le 31 janvier 2010.

souvent. Pour moi, aujourd'hui, il s'agit uniquement d'écrire des albums et d'essayer de faire preuve de maturité. » Décrivant Russell comme son idole et travailler avec lui comme « *une leçon d'humilité et une expérience émouvante* », il révéla qu'il avait eu cette idée après avoir creusé dans la musique de Russell tout en se souvenant de l'époque de leur tournée américaine commune quarante ans auparavant. La notoriété de Russell s'était estompée depuis et il était en mauvaise santé, mais Elton espérait que ce retour sous les feux de la rampe parviendrait à raviver l'intérêt du public pour cette figure du blues et de la country, née en Oklahoma, qui avait joué du clavier pour Phil Spector et les Beach Boys et également composé des chansons telles que « Superstar », « This Masquerade » et « A Song for You » (toutes rendues célèbres par The Carpenters) ou « Delta Lady » (popularisée par Joe Cocker). « *Faire ce disque n'a aucun intérêt si ça ne met pas son travail en lumière, déclara Elton. Je veux qu'il soit à l'aise financièrement. Je veux améliorer un peu sa vie.* » (Il semble avoir peut-être sous-estimé le nombre de disques vendus par The Carpenters.) À cette fin, ils travaillèrent de nouveau avec Bernie Taupin (la plupart des chansons étaient des compositions John-Taupin) et embauchèrent T Bone Burnett, un producteur estimé, tout en faisant intervenir le gratin, de Brian Wilson et Booker T. Jones à Don Was et Neil Young. Avec ses chansons enregistrées en une ou deux prises, il a un côté roots, presque gospel. Il s'éleva dans le Top 3 aux États-Unis (sa cible principale), se maintenant à la frontière du Top 10 au Royaume-Uni. Les critiques furent positives et *Rolling Stone* le considéra comme le troisième meilleur album de 2010. Russell entra au Rock & Roll Hall of Fame l'année suivante. Il mourut en 2016, à l'âge de 74 ans.

Se reposant à peine un instant, Elton donna la première de son nouveau spectacle de Las Vegas, *The Million Dollar Piano*, au Caesars Palace en septembre 2011. Cette résidence par intermittence dura trois ans et comprit en octobre son 3 000ᵉ concert. Il trouva tout de même le temps de jouer pour la première fois au Costa Rica. Et il connut une autre collaboration quand il participa à l'album de Kate Bush *50 Words for Snow*, chantant avec elle sur « Snowed In at Wheeler Street ».

En juin 2012 eut lieu le jubilé de diamant de la reine et, parmi les célébrations, le Diamond Jubilee Concert qui se tint sur The Mall, devant Buckingham Palace. En favori de Windsor, sir Elton y était, bien entendu, et il chanta « Your Song », « Crocodile Rock » et – peut-être en dédicace respectueuse à Sa Majesté – « I'm Still Standing ». Les bijoux des membres de la famille royale s'entrechoquèrent aussi aux accents entraînants de Paul McCartney, Stevie Wonder, Robbie Williams, Gary Barlow, Tom Jones, Cliff Richard et bien d'autres dont, de façon peut-être plus surprenante, Grace Jones. Elton poursuivit avec des concerts caritatifs en Ukraine avec Queen et Adam Lambert et se retrouva sur un album classé n° 1 sans avoir à lever le petit doigt, car un album remix – *Good Morning to the*

EN HAUT : Elton et Leon Russell en concert, au Beacon Theatre, New York, le 19 octobre 2010.

À GAUCHE : Elton et Leon Russell en studio, 2011.

THE UNION

TRACKLIST

1. If It Wasn't for Bad
2. Eight Hundred Dollar Shoes
3. Hey Ahab
4. Gone to Shiloh
5. Hearts Have Turned to Stone
6. Jimmie Rodgers' Dream
7. There's No Tomorrow
8. Monkey Suit
9. The Best Part of the Day
10. A Dream Come True
11. I Should Have Sent Roses
12. When Love Is Dying
13. My Kind of Hell
14. Mandalay Again
15. Never Too Old (To Hold Somebody)
16. In the Hands of Angels

Enregistré à The Village, Los Angeles (États-Unis)
Produit par T Bone Burnett
Sortie 19 octobre 2010
Label Mercury, 2750475
Meilleure place au hit-parade lors de sa sortie UK 12, US 3, CAN 7, AUS 28, FRA 51, ITA 28, GER 23, NOR 5, SPA 30

MUSICIENS CLÉS

Elton John : chant (1-15), piano (2-4, 6-15)
Leon Russell : piano, chant ; arrangements BGV (1, 5, 7, 10, 16)
Jim Keltner : batterie & percussions (1-9, 11-15)
Jay Bellerose : batterie & percussions (1-15)
Dennis Crouch : basse acoustique (1-4, 6-10, 12-15)
Marc Ribot : guitare (1-4, 6, 7, 9, 10, 13-15), guitare acoustique (8)
T Bone Burnett : guitare électrique (3, 6, 12)

POCHETTE

Peacock : design
Frank W. Ockenfels, Joseph Guay, Annie Leibovitz and Steve Todoroff : photographie

NOTE

Comme souvent, plusieurs versions de cet album, avec une sélection et un nombre différents de titres, ont été distribuées selon les supports et les pays.

Sur scène au concert Rock in Rio, Rio de Janeiro, le 23 septembre 2011.

Night, concocté par le groupe de dance australien Pnau – sut capter l'intérêt du public. Utilisant des samples de vieux morceaux d'Elton pour lancer de nouveaux grooves, il rencontra un succès sans partage. Pnau, écrivait Phil Mongredien du *Guardian, « a Elton pour mentor depuis cinq ans et c'est avec sa bénédiction qu'il a repensé ses productions des années 1970 en collant ensemble des extraits de chansons pour créer quelque chose de complètement nouveau et d'étrangement touchant. Agréablement imprévisible, c'est un modèle de ce à quoi devraient aspirer les albums remix ».* Fort de cette proximité avec l'actualité musicale, Elton commença 2013 par une autre association avec le groupe tendance du moment à la cérémonie des Grammy Awards. Ça devenait une tradition. Cette fois, ce fut Ed Sheeran qui envoya ses paroles à Elton par mail, car ils interprétèrent le tube de Sheeran « The A Team » peu après l'ouverture du concert par Taylor Swift. Cela devait être gratifiant pour Elton d'être ainsi respecté par toutes les générations : de Leon Russell à Ed Sheeran, il y a de la distance.

À GAUCHE : Elton et Ed Sheeran jouent ensemble lors de la 55e cérémonie des Grammy Awards, au Staples Center, Los Angeles, le 10 février 2013.

CI-DESSUS : Elton est en concert pour célébrer le fait d'avoir reçu le premier Brits Icon Award, au London Palladium, Londres, le 2 septembre 2013.

Elton participa ensuite au piano et au chant au morceau « Fairweather Friends » sur le nouvel album de Queens of the Stone Age, *Like Clockwork.* Il affirma même que c'était lui qui avait appelé Josh Homme (le chanteur de QOTSA) pour lui demander s'il pouvait jouer avec eux, après avoir apprécié le projet parallèle d'Homme, Them Crooked Vultures. Visiblement, Elton était resté l'amateur de disques obsessionnel qu'il était à son adolescence. En tant que tel, il dut recevoir le tout premier Icon Award lors de la cérémonie des Brits en septembre 2013 avec fierté et joie. D'autant plus que ce fut son vieux copain Rod Stewart qui le lui remit sur scène au London Palladium. Ils chantèrent ensuite tous deux avec entrain « Sad Songs (Say So Much) ». Cette année-là sortit le 29e album studio d'Elton, même s'il n'avait plus besoin de faire des disques de pop.

Avec de nouveau T Bone Burnett à la production, *The Diving Board,* enregistré à L.A., se passa des membres habituels du groupe d'Elton. Burnett avait insisté sur un retour à la formation simple piano-basse-batterie des débuts d'Elton et les chansons (paroles de Bernie) furent écrites en quelques jours à peine. Le chanteur le salua comme le disque solo le plus excitant qu'il ait fait *« depuis très, très longtemps »,* mais la date prévue pour sa sortie fut repoussée deux fois, parce que, d'après *Rolling Stone,* Elton n'était pas satisfait et voulait écrire de nouvelles chansons pour l'album. Taupin déclara même que le titre en était devenu « Voyeur » (reprenant celui d'un

THE DIVING BOARD

TRACKLIST

1. Oceans Away
2. Oscar Wilde Gets Out
3. A Town Called Jubilee
4. The Ballad of Blind Tom
5. Dream # 1
6. My Quicksand
7. Can't Stay Alone Tonight
8. Voyeur
9. Home Again
10. Take This Dirty Water
11. Dream # 2
12. The New Fever Waltz
13. Mexican Vacation (Kids in the Candlelight)
14. Dream # 3
15. The Diving Board

Enregistré à The Village, Los Angeles (États-Unis)
Produit par T Bone Burnett
Sortie 13 septembre 2013
Label Mercury, 3743912
Meilleure place au hit-parade lors de sa sortie UK 3, US 4, CAN 7, AUS 26, FRA 24, ITA 12, GER 11, NOR 10, SPA 36

MUSICIENS CLÉS
Elton John : piano, chant (1-4, 6-10, 12, 13, 15)
Jay Bellerose : batterie (2, 3, 4, 6-10, 12-15)
Raphael Saadiq : basse (2, 3, 4, 6, 7, 8, 10, 12-15)
Keefus Ciancia : claviers (2, 3, 4, 6-10, 12)

POCHETTE
Mat Maitland : direction artistique
Tim Barber : photographie

autre morceau), mais à un moment donné, cela changea de nouveau. Légèrement revu et corrigé, il finit par voir le jour, Elton en parlant désormais comme de *« mon album le plus adulte »*. Parmi les titres, on comptait « Oscar Wilde Gets Out », « A Town Called Jubilee » et « My Quicksand », Bernie nous servant son mélange habituel de sentiments et de cynisme. *The Diving Board* accéda au Top 3 à la fois au Royaume-Uni et aux États-Unis, le meilleur classement américain d'Elton depuis *Blue Moves* en 1976. Parmi toutes les critiques annonçant un *« véritable retour à la forme »*, *Rolling Stone* estimait qu'Elton avait *« retrouvé son sens des possibilités musicales et effectué un bond courageux et élégant »*. Robert Hilburn, l'homme dont les louanges pour les débuts américains de John au Troubadour en 1970 avaient lancé toute cette folle carrière, déclara que s'il avait interprété ces chansons à l'époque, il l'aurait tout autant *« couvert d'applaudissements et d'éloges »*.

Peut-être content de pouvoir encore faire des albums de pop si l'envie lui en prenait, Elton fit alors une brève pause dans sa carrière musicale. L'année 2014 fut capitale dans sa vie privée, car le 21 décembre, huit mois après la légalisation du mariage gay en Angleterre, il se maria avec David Furnish – son partenaire civil depuis neuf ans – à Windsor. Leurs deux fils, Zachary et Elijah, comme nous l'avons dit précédemment, étaient nés d'une mère porteuse en 2010 et 2013. Il était passé par des controverses désormais coutumières avant d'épouser David : en 2013, il y avait eu des pressions pour qu'il boycotte la Russie à cause de sa loi sur la « propagande gay », mais il y joua tout de même, déclarant à son public moscovite que ces lois étaient *« inhumaines et provoquaient l'isolement »* et qu'il était *« profondément attristé et choqué par la législation en vigueur »*. De façon inattendue, l'approche d'Elton sembla avoir un effet. Le président Vladimir Poutine, caïd autoproclamé, répondit avec un rameau d'olivier, affirmant qu'il n'y avait pas de discrimination contre les gays dans son pays et allant jusqu'à déclarer : *« Elton John, c'est une personne extraordinaire, un musicien distingué et des millions de nos citoyens l'aiment sincèrement, quelle que soit son orientation sexuelle. »* Enhardi, Elton proposa de présenter à Poutine des Russes maltraités sous les lois du président interdisant la « propagande homosexuelle ». L'affaire se compliqua quand des plaisantins appelèrent Elton en se faisant passer pour Poutine et que le chanteur remercia sur Instagram le dirigeant russe pour « son » appel. Finalement, en septembre 2015, Poutine téléphona pour de vrai afin de l'inviter à une rencontre où seraient discutés les droits LGBT en Russie.

Il se remit au travail et un autre *« disque pop »*, son 30e album studio solo et le plus récent, vit le jour. *Wonderful Crazy Night*, sorti en février 2016, fut lui aussi enregistré à L.A. et coproduit par Elton et T Bone Burnett. Il réunissait le vieux groupe (autant que la mortalité le permettait) pour la première fois depuis dix ans, avec la participation de Davey Johnstone, Nigel Olsson et Ray Cooper. Bernie, bien entendu, écrivit de nouveau l'ensemble des paroles.

Elton et David avec leurs fils, Zachary et Elijah, au Watford Football Club, décembre 2014.

À GAUCHE : Stevie Nicks joue à la 11e soirée annuelle de bienfaisance An Enduring Vision de la Elton John AIDS Foundation, Cipriani Wall Street, New York, le 15 octobre 2012.

CI-CONTRE : Hillary Clinton rejoint Elton à la 12e soirée annuelle de bienfaisance de sa Fondation, Cipriani Wall Street, New York, le 15 octobre 2013.

CI-DESSOUS : David Furnish et Elton à la 13e soirée annuelle de bienfaisance de sa Fondation, Cipriani Wall Street, New York, le 28 octobre 2014.

> **Sa voix est un peu plus rocailleuse et dure aujourd'hui.**
>
> *THE GUARDIAN*

Le Captain et le Kid avaient prouvé qu'ils formaient une équipe à toute épreuve. Comportant des singles tels que « Looking Up », la chanson-titre et « Blue Wonderful », l'album figurerait dans le Top 10 de la plupart des pays, avec de bonnes critiques. *The Guardian* trouva qu'il *« parvenait à recréer l'Amérique roots de sa jeunesse »* et suggérait que de retrouver Leon Russell lui avait fait le plus grand bien. *« Sa voix est un peu plus rocailleuse et dure aujourd'hui. »* Un an plus tard, il y eut un autre best of, *Diamonds,* et c'est là que s'arrête la discographie d'Elton John à ce jour. (Il y eut deux albums hommages en avril 2018, *Revamp* et *Restoration.* Le premier *(« l'album pop »)* se fit sous la houlette d'Elton tandis que le second *(« l'album country »)* était considéré comme le projet de Bernie. Elton vanta les mérites des deux, *« ravi »* et *« ému »* par les contributions d'artistes tels que Coldplay (« We All Fall in Love Sometimes »), Lady Gaga (« Your Song »), Ed Sheeran (« Candle in the Wind ») et Miley Cyrus (« Don't Let the Sun Go Down on Me ») sur *Revamp.* Il décrivit la liste de musiciens de country de Bernie pour *Restoration* comme *« stupéfiante… à la fois des nouveaux et des légendes » :* sur celle-ci, on trouvait Don Henley et Vince Gill (« Sacrifice »), Kacey Musgraves (« Roy Rogers ») et Willie Nelson

À GAUCHE : Sur scène pendant la tournée *The Diving Board* au stade Joe Louis, Détroit, Michigan, le 29 novembre 2013.

CI-CONTRE : La star du tennis américain Andy Roddick fait un selfie avec, en partant de la gauche : Billie Jean King, Tim Henman, Kim Clijsters, Jamie Murray, Martina Hingis, Elton, Heather Watson et John McEnroe à la 22e édition des Mylan World Team Tennis Smash Hits, au Royal Albert Hall, Londres, le 17 décembre 2014. L'événement récolte de l'argent pour la Elton John AIDS Foundation.

CI-DESSOUS : Elton rencontre le secrétaire d'État américain, John Kerry, pour parler du travail réalisé par la Elton John AIDS Foundation, Washington D.C., le 24 octobre 2014.

ELTON JOHN
AIDS FOUNDATION
ELTON JOHN
AIDS FOUNDATION

(« Border Song »). Miley Cyrus parvint à figurer sur les deux albums, prêtant ici sa propre personnalité à « The Bitch Is Back ».

Si son calendrier d'enregistrement était sur pause, Elton était comme toujours occupé à donner de gigantesques concerts (comme Hyde Park en 2015 pour Radio 2) et à se consacrer au soutien de fondations en lien avec le sida. Il décompressa un peu en tenant un rôle dans la comédie d'espionnage à succès *Kingsman: Le Cercle d'or*[2] en 2017. Le travail d'acteur n'allait pas chercher loin: il jouait son propre rôle ou plutôt une caricature du personnage d'Elton John. Il se fait enlever par celui qu'interprète Julianne Moore et elle l'oblige à chanter pour elle, mais il aide à détruire ses agressifs chiens-robots. D'accord, cette suite d'un succès au box-office n'est pas *Citizen Kane,* mais ce n'est pas tous les jours que l'on peut figurer dans un film avec Colin Firth et Jeff Bridges. Et la vedette du film, le jeune Gallois Taron Egerton, allait bientôt jouer un héros anglais encore plus apprécié qu'Eddie the Eagle, qu'il interpréta dans un film cette année-là. Egerton allait décrocher un rôle en or, celui d'Elton lui-même. Nous y reviendrons.

Début 2017, on raconta qu'Elton revenait à la comédie musicale et qu'il écrivait la partition d'une production à Broadway d'après le film *Le Diable s'habille en Prada*[3] (2006). Ce projet reste mystérieux à ce jour. En juin, la série documentaire primée *The American Epic Sessions,* réalisée par Bernard MacMahon, montrait Elton s'emparer d'un texte de Taupin, « Two Fingers of Whiskey » et en faire une chanson achevée avec l'aide de Jack White et T Bone Burnett. Le processus prenait quelques minutes, donnant un précieux aperçu des méthodes de travail expéditives d'Elton. Mais l'année se termina sur une triste nouvelle, car Sheila, la mère d'Elton, mourut le 4 décembre à l'âge de 92 ans.

Il y a du réconfort dans le fait qu'ils s'étaient récemment réconciliés après une brouille en 2008. Il semble qu'un désaccord sans importance ait alors brisé leur relation, qui l'avait bien sûr vue à la fois déclencher et soutenir ses efforts musicaux à ses débuts. La dispute était survenue quand il lui avait demandé de mettre fin à l'amitié qu'elle entretenait avec John Reid (son ancien manager et amant) et Bob Halley (son ancien chauffeur et assistant pendant trente ans, qui avait démissionné suite à des désaccords).

Par bonheur, ils s'étaient au moins réconciliés plus tôt en 2017. Il avait fallu un désastre pour qu'ils laissent tomber leur animosité. Le 22 avril, Elton fut emmené à l'hôpital après avoir attrapé une infection bactérienne « rare » et dangereuse pendant un vol retour depuis Santiago du Chili, après une tournée sud-américaine. Il fut obligé d'annuler deux mois de concerts et la situation était préoccupante. *« Potentiellement mortelle »,* écrivit le *Los Angeles Times.* Heureusement, il put sortir après deux nuits en soins intensifs.

Cela remit les choses en perspective. Les disputes imbéciles furent mises de côté. Elton publia des photos de lui avec Sheila sur Instagram, ajoutant: *« Chère Maman, joyeuse fête des mères ! Je suis*

S'exprimant à la 14e soirée annuelle de charité An Enduring Vision de la Elton John AIDS Foundation, Cipriani Wall Street, New York, le 2 novembre 2015.

WONDERFUL CRAZY NIGHT

TRACKLIST

1. Wonderful Crazy Night
2. In the Name of You
3. Claw Hammer
4. Blue Wonderful
5. I've Got 2 Wings
6. A Good Heart
7. Looking Up
8. Guilty Pleasure
9. Tambourine
10. The Open Chord
11. Bonus Tracks
12. Free and Easy
13. England and America

Enregistré à The Village, Los Angeles (États-Unis)
Produit par T Bone Burnett & Elton John
Sortie 5 février 2016
Label Mercury, 4765082
Meilleure place au hit-parade lors de sa sortie UK 6, US 8, CAN 18, AUS 11, FRA 35, ITA 15, GER 10, NOR 17, SPA 32

MUSICIENS CLÉS

Elton John : piano, chant
Kim Bullard : claviers
Davey Johnstone : guitare, harmonies vocales
Matt Bissonette : basse, harmonies vocales
Nigel Olsson : batterie, harmonies vocales
John Mahon : percussions, harmonies vocales

POCHETTE

Mat Maitland : direction artistique et design
Joseph Guay and Juergen Teller : photographie

tellement content qu'on soit de nouveau en contact. Avec amour, Elton x[4]. » Quand elle mourut, il écrivit sur Facebook : « *Tellement triste d'annoncer que ma mère est décédée ce matin. Je l'ai vue pas plus tard que lundi dernier et suis sous le choc. Bon voyage, Maman. Merci pour tout.* » Sheila avait certainement parcouru un chemin plus intéressant que la plupart des gens, entre le moment où elle rapportait à la maison des disques d'Elvis et Bill Haley pour que son fils les écoute à Northwood Hills et celui où elle le vit devenir l'un des artistes les plus célèbres au monde. Sa perte récente a peut-être influencé le sentimentalisme de la publicité de Noël 2018 pour John Lewis.

Son Reggie restait un artiste avec une tendance aux caprices et à insulter ceux qui l'adoraient. À Las Vegas en mars 2018, au milieu de « Saturday Night's Alright for Fighting », l'un des membres du public qu'il avait invités sur scène commença à le toucher, tentant de jouer du piano, essayant de prendre des photos et de lui taper dans la main. Invectivant le fan trop zélé, Elton arrêta de jouer et quitta la scène. Il revint pour interpréter « Circle of Life », mais avertit sans cérémonie la foule que les membres du public n'auraient plus le droit de monter sur scène.

CI-CONTRE : Sur scène au Palau Sant Jordi à Barcelone, Espagne, décembre 2017, pendant la tournée *Wonderful Crazy Night*.
CI-DESSUS : Pendant le Sunset Open Air à Zurich, Suisse, juillet 2017.

Que cet incident soit oui ou non lié à une annonce qu'il avait fait peu de temps auparavant est sujet à débat. Car en janvier, Elton avait annoncé qu'il arrêterait de tourner. Mais pas tout de suite. Il y aurait une tournée d'adieux épique, qui s'étalerait sur les trois années à venir et porterait le nom de *Farewell Yellow Brick Road*. Et en septembre, ce long tour d'honneur commencerait à Allentown, Pennsylvanie. Il invoqua le motif classique des gens qui prennent leur retraite : il voulait passer plus de temps avec sa famille. *Deadline* rapporta qu'il leur confia : « *Il y a dix ans, si vous m'aviez demandé si j'arrêterais les tournées, j'aurais répondu non. Mais nous avons des enfants, et ça a changé nos vies. J'ai eu une vie et une carrière formidables, mais ma vie a changé. Mes priorités sont aujourd'hui mes enfants, mon mari et ma famille.* » Il avait eu 70 ans en mars 2018. On pouvait comprendre son raisonnement. Ce n'était pas comme s'il s'était déjà montré réticent à se produire sur les scènes du monde entier.

Pourtant, ce dernier tour de piste allait être un véritable marathon. Et alors que la tournée parcourait la planète, plongeant le public dans une sorte d'extase de la dernière chance, il semblait que la notoriété d'Elton n'ait jamais été plus grande. On aurait aussi dit que, conscient de son héritage, il s'occupait d'y mettre de l'ordre.

Quant à Bernie, qui a eu 68 ans en mai 2018, il vit encore dans un ranch en Californie, près de Santa Ynez, marié à sa quatrième femme. Après trois divorces, il est avec Heather Kidd depuis 2004. Ils ont deux filles, Charlie Indiana et Georgey Devon. Le Kid a des enfants[5]. Il a écrit des chansons pour tout le monde, de Courtney Love à Brian Wilson et – trouvant la légitimation loin d'Elton – a remporté un Golden Globe pour les paroles de « A Love That Will Never Grow Old » du film *Brokeback Mountain* (2005). Cependant, le fait qu'on se rappellera surtout de lui pour son lien avec le Captain, long de plusieurs décennies, est indéniable.

Alors qu'Elton figure encore presque quotidiennement dans la presse, que ce soit en portant le deuil d'Aretha Franklin ou en faisant la fête avec les Beckham, il a toujours, comme le chanterait Kiki Dee, la musique en lui[6]. Muni d'un nouveau contrat signé qui garantit sa fortune, il a participé à un album de Nile Rodgers en chantant en duo avec Emeli Sandé, s'est éclaté entouré de rappeurs

À GAUCHE : Elton annonce la tournée *Farewell Yellow Brick Road,* New York, le 24 janvier 2018.

CI-DESSOUS : Bernie Taupin arrive à son exposition d'art intitulée *True American* à la Chase Contemporary, New York, le 17 octobre 2018.

dans une publicité pour Snickers et, bien sûr, a rappelé à des générations entières leur faible pour lui dans cette fameuse pub de Noël pour John Lewis.

À mesure que se poursuit sa tournée d'adieux, et qu'Elton se remet d'une otite ayant provoqué des annulations en Amérique, un bruit court qu'il pourrait faire un glorieux chant du cygne britannique en jouant à Glastonbury en 2019. Au moment où j'écris ces lignes, ce ne sont encore que des rumeurs. Ce qui est une vérité établie, c'est qu'il s'efforce actuellement de sensibiliser l'opinion publique sur le sida, de grands fonds étant récoltés grâce à ses efforts à chaque Journée mondiale de lutte contre le sida. Il est entré en douceur dans l'ère des réseaux sociaux, son compte Instagram montrant une sélection de photos de concerts et de sa vie privée pour vous mettre l'eau à la bouche avant que son spectacle n'arrive chez vous.

Son héritage, cinquante ans après son premier album, *Empty Sky,* est encore davantage mis en valeur par le film *Rocketman,* de Paramount Pictures, qui arrivera sur les écrans à l'été 2019. Portant sur la folle époque des années 1970 et 1980, il est réalisé par Dexter Fletcher, qui signa aussi *Bohemian Rhapsody* (après le renvoi de

Brian Singer), le biopic sur Queen et Freddie Mercury. Conservant le contrôle de leur représentation cinématographique, Elton et David font partie des producteurs et le scénario est de Lee « Billy Elliot » Hall. Taron Egerton, qui avait rencontré Elton sur le tournage de *Kingsman*, tient son rôle. Au moment où j'écris, les premières scènes montrent le jeune pianiste exceller à la Royal Academy of Music tandis que sa rencontre et son travail avec Bernie sont présentés comme des éléments clés de sa carrière. Comme le long-métrage sur Queen, le film a cependant pour objectif principal d'être une célébration divertissante et haute en couleur entrelacée d'éléments musicaux fantaisistes, sans dissimuler pour autant ses excès et son faible pour les stupéfiants à l'époque abordée. Il ne lésine pas sur les scènes exubérantes et les costumes qui vont avec. Parmi les acteurs, on compte également Jamie Bell (l'acteur qui jouait Billy Elliot) dans le rôle de Bernie, Richard Madden dans celui de John Reid et Bryce Dallas Howard dans celui de Sheila, la mère d'Elton.

Le fait d'apprécier ou non ce film dépend, en grande partie, de votre réaction à la performance de Taron Egerton dans le rôle du jeune Elton. (Quelques années auparavant, Elton avait parlé de Justin Timberlake comme premier choix pour jouer son rôle et on pensa également à Tom Hardy pendant un temps.) Egerton apporte la fougue de la jeunesse et il a pris des cours de chant. Il a confié au site internet *Collider* qu'il avait essayé *« de créer un semblant de performance qui fasse au moins un peu penser à lui »*. Il a insisté sur le fait que ce film sur les années formatrices d'Elton était un *« divertissement »*. *« Tout le monde pense que c'est un film biographique : ce n'est pas le cas,* annonça-t-il. *C'est une fantaisie musicale, donc ses chansons sont en fait utilisées pour exprimer des temps forts de sa vie à des moments émouvants. Ce n'est pas le seul personnage qui chante. »* En faisant des recherches pour le rôle, il a visité la maison d'Elton, lu ses journaux intimes et eu *« peur que tout le monde se mette à me détester. »* Il était content qu'Elton n'assiste pas au tournage de certaines scènes cruciales. *« Jouer son rôle*

est déjà assez intimidant. En particulier, étant donné le fait que c'est un portrait plutôt sans complaisances. J'ai tourné une scène dans laquelle je suis lui en train de perdre sa virginité. Je ne tenais pas particulièrement à faire ça pendant que la personne que j'incarne regarde. Ça aurait été bizarre. À bien des égards. »

Toute la vie et la carrière d'Elton Hercules John ont été bizarres – et fantastiques – sur bien des plans. De ses débuts à Pinner et ses premières luttes pour briller, en passant par son succès aux USA du jour au lendemain, jusqu'à la place durable qu'il a conquise au sommet du panthéon de la pop, il a défié la logique et toutes les attentes, faisant de ses défauts des qualités, de ses faiblesses des forces. Pendant les années de gloire du rock et jusqu'à l'époque moderne, il est resté intéressé par les choses et intéressant. Alors que le discours final qu'est sa tournée d'adieux fait son chemin autour d'une planète en admiration, les propulseurs de sa fusée tournent encore à pleine puissance.

1. Adieu route de briques jaunes. Nom de la tournée d'adieux, variante de celui de l'album *Goodbye Yellow Brick Road* (1973) et de sa chanson éponyme. Voir Introduction, note 2.
2. *Kingsman: The Golden Circle.*
3. *The Devil Wears Prada*, comédie dramatique réalisée par David Frankel, avec Meryl Streep et Anne Hathaway.
4. Le « x » symbolise un baiser.
5. *Kid* signifie « enfant », « gosse ».
6. « I've Got the Music in Me » est une chanson de Kiki Dee.

À GAUCHE : Sur scène pendant la tournée *Farewell Yellow Brick Road* au BB&T Center, Sunrise, Floride, le 23 novembre 2018.

CI-DESSUS : Taron Egerton joue Elton John dans *Rocketman*, 2019.

PAGE SUIVANTE : En concert, tournée *Farewell Yellow Brick Road*, au SAP Center, San José, Californie, le 19 janvier 2019.

KURZWEIL

YAMAHA
NIGEL OLSSON

SOURCES & CRÉDITS PHOTOGRAPHIQUES

SOURCES

PRESSE :
Rolling Stone, Melody Maker, NME, Sounds, Record Mirror, Q, Mojo, Uncut, The Guardian, The Telegraph, The Times, The Mirror, The Sun, Entertainment Weekly, Los Angeles Times.

LIVRES :
Buckley, David, *Elton John: The Biography*, Andre Deutsch, 2010
Doyle, Tom, *Captain Fantastic: Elton John's Stellar Trip Through the '70s, Polygon*, 2017
Hayward, Keith, *Elton John: From Tin Pan Alley to the Yellow Brick Road*, Wymer, 2015
Norman, Philip, *Sir Elton: The Definitive Biography*, Carroll & Graf, 2000
Rosenthal, Elizabeth, *His Song: The Musical Journey of Elton John*, Billboard Books, 2001

CRÉDITS PHOTOGRAPHIQUES

COURTESY OF ALAMY Adam Scull/PHOTOlink/MediaPunch 121 ; AF archive 1 ; Allstar Picture Library 198 ; Barry Lewis 146 ; David Davis/Image Space/Media Punch 6 ; dpa picture alliance 233 ; Everett Collection Inc 80, 122 ; Globe Photos/ZUMA Press 111, 113h, 183, 184, 200d ; Granamour Weems Collection 103 ; Iconographic Archive 171 ; imageSPACE/MediaPunch Pages de garde ; Jack Ludlam 200g ; Jeremy Sutton-Hibbert 192h ; John Angelillo/UPI Photo/Newscom 235 ; Keystone Pictures USA 82, 101h, 101b ; Marc Nader/ZUMA Wire/ZUMA Press 228 ; Marka 63 ; Mpi04/Media Punch 7, 236 ; Nancy Kaszerman/ZUMA Wire 109 ; Nick Savage 229h ; Pictorial Press Ltd 10, 26, 41, 65b, 70, 104, 131, 157, 218b, 237 ; Trinity Mirror/Mirrorpix 166, 173d, 186 ; United Archives GmbH 114, 191

COURTESY OF AVALON LFI/Photoshot 40 ; Michael Putland/Retna 56, 57g, 57d

COURTESY OF GETTY IMAGES Anwar Hussein/Hulton Archive 90, 133b, 187h ; Barry King/WireImage 160d ; Bob King/Redferns 160g ; Bob Riha Jr/WireImage 147, 4e de couverture ; Brian Cooke/Redferns 134, 138, 140 ; Chris Walter/WireImage 46, 99 ; Christopher Pillitz/Hulton Archive 162 ; Dan Groshong/AFP 179b ; Dave Hogan/Hulton Archive 155 ; 161h, 197d ; David Lefranc/Kipa/Sygma 167 ; David M. Benett 223 ; David Redfern/Redferns 9, 73, 85 ; DMI/The LIFE Picture Collection 180 ; Ed Caraeff 60 ; George Wilkes/Hulton Archive 51 ; Gijsbert Hanekroot/Redferns 128 ; Gus Stewart/Redferns 123 ; Hulton-Deutsch Collection/Corbis 143 ; Images Press 124, 139 ; Jack Robinson/Hulton Archive 2, 42, 53, 54, 55 ; Kevin Kane/WireImage 202g ; Kevin Mazur/WireImage 211 ; Kevin Winter/DMI/The LIFE Picture Collection 159 ; Lester Cohen/WireImage 217 ; Manchester Daily Express/SSPL 13 ; Michael Ochs Archives 45, 48, 49, 58, 69, 76b, 77, 98h, 102, 126 ; Michael Putland/Hulton Archive 4, 72, 76h, 78, 79, 96, 156 ; Mick Hutson/Redferns 172 ; Patrick Riviere 151 ; Peter Turnley/Corbis/VCG 187b ; Popperfoto 22 ; Richard Blanshard/Moviepix 133 ; Rino Petrosino/Mondadori Portfolio 84 ; Robert Gauthier/Los Angeles Times 222 ; Taro Yamasaki/The LIFE Images Collection 175h ; Terry O'Neill/Iconic Images 66, 89, 93, 94, 107, 108, 112 ; The LIFE Picture Collection 165, 168 ; Tom Hill/WireImage 8 ; Val Wilmer/Redferns 14, 38, 39

COURTESY OF REX/SHUTTERSTOCK Alan Davidson 149, 154, 189, 205 ; Alejandro Garcia/EPA-EFE 232 ; Alex Berliner/BEI 177h ; Alex Lentati/Daily Mail 212 ; Andre Csillag 106 ; Andy Kropa/Invision/AP 230 ; Andy Kyle/Daily Mail 130 ; AP 20g, 220 ; Associated Newspapers 30 ; ATV 87 ; Capitol 125 ; Carlo Allegri/Invision/AP 227h ; Charles Sykes/Invision/AP 226 ; Daily Mail 17 ; Dan Callister 203 ; Dave Pickoff/AP 88 ; David Crump/Daily Mail 158 ; David Dagley 118, 119 ; David Fisher 176 ; David Magnus 33 ; Dezo Hoffmann Collection 19, 35, 36 ; Disney/Kobal 178b ; Ed Oudenaarden/EPA 194 ; Edward Winpenny/Associated Newspapers 37 ; EPA 204 ; Erik Pendzich 227b ; Evening News 100 ; George Harris/Associated Newspapers 24 ; Glenn Copus/Evening Standar 192b ; Granger 21 ; Greg Allen 208, 210 ; Greg Chow 238 ; ITV 20d, 75, 177b ; Jim Hutchison/Associated Newspapers 153b ; Jim Sulley/AP 175b ; Jimmy James/Associated Newspapers 31 ; Joe Schaber/AP 144b ; Ken Towner/Associated Newspapers 127 ; Kevork Djansezian/AP 213 ; Keystone/Zuma 218h ; Kip Rano 117 ; Marc Sharratt 29 ; Mark Allan/Invision/AP 214 ; Mark Large/Daily Mail 188 ; Matt Baron 234 ; Matthew Impey 225 ; Michael Caulfield/AP 179h ; Nancy Kaye/AP 137 ; Nils Jorgensen 173g ; Peter De Jong/AP 12 ; Philip Ollerenshaw 148 ; Ray Tang 199 ; Richard Drew/AP 135h, 197l ; Richard Young 178h, 181, 182, 185, 190, 193 ; Shawn Thew/EPA 229b ; Sipa 144h, 164 ; Steve Back/Associated Newspapers 152 ; Steve Morley 98b ; Today 161b ; Warner Bros/Kobal 18

ALBUMS © UNIVERSAL MUSIC GROUP : Dave Larkham/DJM Records 47, 52, 62, 64, 71, 83, 86, 95, 105, 109, 119 ; Paramount Pictures Corporation/DJM Records 65 ; Ed Caraeff/DJM Records 74 ; David Costa/Rocket Record Company 120, 129, 142, 150, 157, 161, 207 ; Jubilee Graphics/Rocket Record Company 132 ; Norman Moore/Rocket Record Company 138 ; Richard Seireeni/Rocket Record Company 139 ; Clive Piercy/Rocket Record Company 145 ; Dave Larkham/Rocket Record Company 156 ; Wherefor Art?/Rocket Record Company 164, 181 ; Gianni Versace/Rocket Record Company 172 ; Rocket Record Company 174 ; Julian Schnabel/Rocket Record Company 190 ; David LaChapelle/Rocket Record Company 198 ; Sam Taylor-Wood/Rocket Record Company 201, 203 ; Peacock/Mercury Records 218 ; Mat Maitland/Mercury Records 224, 231

WATFORD
Farewell
YEL